陈春花　彭剑锋　穆胜———

著

数字时代组织本质的

THE NATURE
OF
ORGANIZATION
IN THE
DIGITAL ERA

机械工业出版社
CHINA MACHINE PRESS

图书在版编目（CIP）数据

数字时代的组织本质 / 陈春花，彭剑锋，穆胜著 . —北京：机械工业出版社，2023.4

ISBN 978-7-111-72838-2

Ⅰ.①数⋯ Ⅱ.①陈⋯②彭⋯③穆⋯ Ⅲ.①企业管理－组织管理－研究 Ⅳ.① F272.9

中国国家版本馆 CIP 数据核字（2023）第 047944 号

机械工业出版社（北京市百万庄大街22号 邮政编码100037）
策划编辑：孟宪勐   责任编辑：孟宪勐   岳晓月
责任校对：龚思文   陈 越   责任印制：单爱军
北京联兴盛业印刷股份有限公司印刷
2023 年 6 月第 1 版第 1 次印刷
170mm×230mm · 15 印张 · 1 插页 · 164 千字
标准书号：ISBN 978-7-111-72838-2
定价：79.00元

电话服务   网络服务
客服电话：010-88361066   机 工 官 网：www.cmpbook.com
　　　　　010-88379833   机 工 官 博：weibo.com/cmp1952
　　　　　010-68326294   金 书 网：www.golden-book.com
封底无防伪标均为盗版   机工教育服务网：www.cmpedu.com

跟随管理学家的星光

《商界》与陈春花、彭剑锋、穆胜三位老师是老相识了。从最开始的慕名约稿,到合作策划专题,再到如今这本书,针对数字时代的组织本质进行系统探讨,十多年里,《商界》与这三位中国管理学领域的知名学者之间,有对话、有碰撞、有协作,更有一个贯彻始终的愿望,那就是,借助媒体、出版平台,将中国优秀的商业管理理论和实践介绍给我们的读者,以及千千万万的企业家和生意人。

正如本书引述的古典哲学家赫拉克利特所说,"一切事物都处在流变之中"。管理学发展到今天,历经了多个世纪,并根据不同的商业文明,不断地适应和变化着。在《商界》近30年的商业观察中,我们的焦点之一,就是始终关注中国经济发展的底层逻辑,即中国企业的管理认知的发展。无论是陈春花老师,还是彭剑锋和穆胜老师,都分别在《商界》不同的平台,探讨过管理学某些方面的诸多问题和解决办法,它们如同散落在历史书册中的繁星。

显然，星光照不透组织管理学越来越善变的迷雾。商业的发展、商业文明的进步，必然会带来组织管理的发展。中国改革开放 40 多年来，商业环境从粗放到精细化，组织管理从苏式到美式，再到日式、德式，始终在寻求适合自身文明和商业发展变化的模式。中国企业从过去的科层制结构，到现在的扁平化、去中心化等众多的组织管理创新，始终缺少一个理论和实践的逻辑主线。

特别是来到数字时代，组织管理新理论的提出速度，远远超过了消化速度。我们希望对星光做一次聚焦，聚焦于数字时代最引人注目也最让企业头疼的组织的本质变化，让三位著名学者，不仅坐而论道，而且更要系统性地分析和解决新时代组织管理的底层嬗变，穿透管理学在数字时代进化的迷雾。

陈春花老师无须赘言，无论是在管理学理论上的研究，还是在企业中的理论实践，都沉淀已久，是一位管理学中国化的实践者和践行者。她在商业实践和理论上留下的足迹，是这个不确定时代的宝贵财富。

彭剑锋老师同样是一位管理学理论和实践合璧的代表性人物。除了教授的身份，他还长期从事人力资源管理和企业文化咨询研究工作，为本土咨询行业闯出了一片天地。他不仅极大地影响了一个行业，更赋能了大量的企业，一本《华为基本法》成为万千企业组织学习和模仿的圭臬。

穆胜老师可谓中国管理学新生力中比较耀眼的一位。他不仅在商业模式、战略管理、组织管理、人力资源等多个领域有深度研究和实践，更将在这些领域的研究和实践凝练为原创的理论与方法。他的"平台型组织"和"人效管理"概念，引领了许多企业的先锋实践。

数字时代的组织本质鲜有学者真正触及，而且现象、理论与实践是不同的外在表征。我们希望借由这三位横跨学术、商业、咨询三界的管理学者在同一问题下不同视角、不同观点的碰撞，回答数字时代中组织管理学的以下四个核心问题。

1. 数字时代，组织转型的本质是什么

在近几年的商业观察中，《商界》秉承"集商界经营之道，看商界丰富人生"的办刊宗旨和理念，发现几乎每年管理学和组织学的新名词层出不穷，大有理论"内卷"的态势。新理论大行其道的原因，是传统组织管理学理论失效，还是数字时代需要更精准的理论指导，以应对越来越"乱花渐欲迷人眼"的商业模式？这是一个尚未被广泛关注，却回归到了组织管理学转型的本质的问题。

2. 组织的本质是什么

华为、海尔、阿里巴巴、腾讯、小米、字节跳动等，我们几乎能从任何一家成功的企业中，总结出一套独有的组织管理模式；或者说，任何组织形式，都有成功的案例。所以，组织的本质是组织本身，还是组织的能力？

3. 组织管理数字化转型的本质是什么

组织管理的数字化转型是个老命题，但在《商界》长期的观察和研究中发现，这个老命题遇到了新问题。许多企业为数字化而数字化，如果把希望寄托在单纯地用数字化解决人力和管理成本，就很容易陷入数字化的迷局。所以，组织管理数字化转型的核心和本质是什么？

4. 新生代员工管理的本质是什么

当下，大量"90 后""00 后"新生代员工涌入职场，让"60 后""70

后"等传统管理者很头痛。他们个性十足，有很高的学历，却"不好用"。人的需求的变化，呼吁新的组织管理模式。无论何种组织管理模式，最终都希望管理者和被管理者双向奔赴。如何让新生代员工奔我而来，为我所用？

在本书中，我们不仅可以获得以上问题的答案，还可以见到在三位学者的思维风暴中所延展出的对其他问题的思考和解答。比如，应对目前商业环境的不确定性，企业需要怎样的底层逻辑？又如，用什么样的管理和组织思维，来应对目前严峻的经济周期……

其实，我更愿意将三位称为"管理学家"。

在从事商业观察的漫长职业生涯里，我逐渐形成了一个关于"家"的明确标准：要达到这个境界，他们必须能用自己原创的理论体系解释现象，还能得出比其他人更加深邃的洞见；他们不屑于用一个个新概念或信息爆点来搅动流量，而是扎扎实实地修建自己的大厦；他们万变不离其宗（自己的理论体系），但又能每每给人新意。在我的眼中，陈春花、彭剑锋和穆胜三位老师就可以称得上"管理学家"。

这个浮躁的时代充满迷雾，概念太廉价，理论满天飞，但绝大多数人更像是"管理作家"，而不是"管理学家"。要穿越迷雾，我们只须跟随"管理学家"的星光。

周云成

商界传媒[⊖]CEO

2023 年 1 月 19 日

㊀　商界传媒旗下有《商界》《商界评论》等知名商业期刊。

破解时代的组织命题

转型时代，企业究竟应该如何重新定义自己？又应该如何学会与新的时代相处？倘若我们把企业组织想象成一个大写的"人"字，也许更能感同身受地理解这两个问题的起点，而这也恰恰是本书破题的方向。

一直以来，对于多数普通读者来说，企业、组织、企业家并不是三个边界清晰的概念，哪怕在某些组织专家的眼里，企业、组织也部分代表着企业家精神和行动意志的延伸。因此，切换到转型时代，似乎唯有先定义清楚企业家所承载的新的身份和使命，以及时代所赋予他们的新的价值评判标准，才有可能解读企业与组织转型阶段的关键问题。

于是，经典三问"我是谁""我从哪里来""要到哪里去"就这样引出了本书的核心议题。相应地，新物种、新问题、新观点与老传统、老模式、老认知的碰撞与交锋，汇总在本书所讨论的话题里。只不过，切换到对"人"的立场与需求的理解上，所有这些问题的重新定义本身，变得更加具有代入感。

然而，从个人视角来看，管理不免有着"老调新弹"的距离感。所谓"正确的废话"，如果离开了特定的产业情景、技术的影响或加持，以及真实商业决策的两难，的确有着"你若不躬身入局，说啥都对"的疏远感。有时候，理论的再解释与再应用，不仅需要学者和专家说"正确的话"，更需要他们以设身处地、走心的立场"正确地说话"，说让人听得懂的话，说有温度的话。从为什么破题到如何破题的巧思，也决定了"专家"与"管理学者"的区别——后者对人心与人性的洞悉远胜道理的说教。

陈春花、彭剑锋、穆胜三位"管理学者"的犀利观点常常见诸各大媒体，并屡屡成为业界热议的话题。三位共同的标签是"跨界"，他们不仅有多学科的背景，能够以宏观视野和独特视角洞见本质，还长期躬身入局，观点极具温度，无缝对接实操。尤其值得一提的是，三位学者都有自己创立的、相对成熟的商业机构，这也让他们的观点更具说服力。当他们聚首论道时，我相信，更大的看点并非理论的刀光剑影，而是由若干组织类话题展开的对人心与人性的洞悉，而这就是"大家"作为破题者的使命。

正如我们所期待的，本书中三位学者三个视角的交锋，让读者在不同维度上感受到洞见的契合与冲突。现实中过高浓度的管理概念之争，也因为一场场交锋、冲突、解释与澄清，而变得峰回路转起来；通过祛魅、还原、反思、聚焦与升华，在赞同与否定的辩论中，也帮助读者完成了知识净化与自我认知"坐标"的建立；也因为有了这样一杆清晰的标尺，我们得以更加充分地去感知和理解这个时代。

有意思的是，本书的三位观点奉献者，分别代表着主流学者、意见领袖和实践专家的不同立场。其中，陈春花老师擅长"开局"，习惯纵贯全局，给出一针见血的底层解读，并抛出一个个让人耳目一新的概念，再用独特的笔触刻画概念之下的新趋势；彭剑锋老师则习惯于抽丝剥茧地分析，底层框架下的犀利观点、鲜活案例加之务实的立论和反思，让人看罢不免有酣畅淋漓之感；作为个性鲜明的年轻"大家"，穆胜老师勇于"断后"，他喜欢回归具体对象，探讨具体问题，通过"小"题"大"做，从新的角度给予老问题以不同的诠释，其语言风格大胆犀利，分析问题稳、准、狠。

作为"数字化组织转型"专题系列的组织者，《中欧商业评论》有幸在 2021 年的春天参与了这场有意义的讨论，并且以文本的形式定格下了当时当刻的鲜活思考。正是这份沉淀，成就了最好的时代见证。

姚音

《中欧商业评论》前主编

2023 年 1 月 5 日

思想的美好相遇

一切都源于思想的美好相遇。

2022年4月,《商业评论》邀请知名管理学者陈春花、彭剑锋、穆胜就"新生代员工的管理"这个话题策划了一次三角对谈。三位学者同时横跨学术、商业、咨询三界,又在年龄上形成了梯次,这种对话不仅是跨界视角的碰撞,更是不同阅历背景下世界观的碰撞。

对谈内容在《商业评论》杂志和微信公众号上发布之后,激起了强大的反响,读者好评如潮,纷纷表示受益匪浅。这次对话之后,关于新生代员工管理问题的诸多模糊地带,似乎已经有点拨云见日的意思了。

《商业评论》创办至今已经20多年了。20多年来,我们一直践行自己的使命,为读者奉献优质的管理内容。一路走来,我们遇到非常多的中国管理学者,他们扎根于中国的实践,同时又具有深厚的研究功底,他们与我们相伴而行,为读者提供了源源不断的管理思想。其中,陈春花、彭剑锋、穆胜三位老师无疑是他们中的一员。

在 20 年前，我们刚结识陈春花老师时，她就告诉我们，她正在开启一项将长达 30 年的长期跟踪研究，聚焦于中国领先企业的成长模式。与穆胜老师的相识大约是在 10 年前，那时的他已经开始频频用犀利的观点让商学两界注目，而他在平台型组织上的研究与实践更是让我们惊喜。彭剑锋老师是《华为基本法》的起草人之一，应该说是中国最早的咨询人士了，他和他的团队也屡有佳作见诸《商业评论》。

媒体人拥有的最大底气就是"品位"了，由于商业观点见得太多，我们自然培养出了一些独特的"品位"。如同品尝过各地美食的老饕，平常食物很难让我们心动，而一旦佳品出世，则会眼睛一亮，而后自然对这位大厨欣然神往。陈春花、彭剑锋、穆胜三位老师就是这样的"大厨"，他们炮制的篇篇佳品正是那些格外刺激我们味蕾的美食。

如今，三位老师联袂出版新书，这桌佳宴又怎能错过呢？

在我看来，这本书有如下三个价值点。

1. 去伪存真，对当前一些热门、似是而非的概念和说法做了澄清和纠偏

去 KPI、新物种、互联网思维、中国式管理等，现在似乎进入了"概念通胀"时代，新概念层出不穷。面对新环境，企业家迫切需要转型，各种新概念正好迎合了他们的这种焦虑。但是，很多新概念看上去很美，一实际操作就卡壳或走样。而且很多新事物看似可以完全替代旧事物，但一实际操作就发现还是绕不过旧事物这个坎儿，最终又回到原点。

三位学者提醒我们警惕当下大量实践者"勤于焦虑，懒于思考；勤于喊口号，懒于做实践"的误区。管理就是实践，一切都得在实践中去验

证、去创新、去迭代。

2. 介绍了可操作的方法论

过去的工业经济时代，企业依赖土地、资金、技术获得发展，人是其次的，组织能力没有那么重要。现在的互联网时代，企业越来越依赖人，组织能力就相应变得非常重要了。用彭剑锋教授的话来说，过去是"机会主义＋企业家精神"的时代，未来是"企业家＋组织能力"的时代。

那么，组织能力包括哪些维度？企业在建设组织能力上存在哪些误区？企业该怎么建设自己的组织能力？相信大家在本书中可以找到系统的、实操的方法和步骤。

3. 洞察未来的组织管理趋势

在本书中，三位学者还指出了未来的一些重要趋势，比如平台化管理。当下，外部环境变得太快，而业务又需要稳定性，因此企业需要在应对外部变化和保持稳定性之间找到平衡。而平台化正好可以解决两件事情：一个是整体性和灵活性的统一，另一个是多样性和复杂性的统一。在当今，你不一定是一个平台型组织，但是你必须有能力做平台化的管理。在组织平台化趋势下，人力资源部门如何重新定位？人才如何管理？平台服务与赋能机制下的劳动价值该怎么核算？对于这些问题，大家都可以在书中找到答案。

本书通读下来，令人豁然开朗的闪光点非常多。各种观点以对话的形式呈现，徐徐铺陈，轻松展开，但又在不知不觉间建立了一个浑然一体的体系，它穿透了某个主题上的认知，让读者大有"聊透了，看懂了，想通了"的快感。

相信大家在本书中会有更多发现，这将是一次思想的美好相遇。

最后，祝愿三位学者以后能带给我们更多的管理思想，祝愿广大读者能够从本书中受益，在经营中取得更大的成功。

颜杰华

《商业评论》主编

2023 年 1 月 17 日

目 录 ▶ CONTENTS

上篇　对话

第 1 章　组织模式　/4

组织模式是企业的"形",是建设新组织的主线。数字时代,传统金字塔组织越来越受到诟病,组织转型的呼声越来越高。那么,组织模式转型路在何方?

第2章 组织能力 / 23

组织能力是企业的"神",是建设新组织的辅线。无论何种组织模式,最终都是为了形成强大的组织能力。尝试多种组织模式后,不妨换个角度来洞察规律——我们究竟应该如何打造适配时代的组织能力?

第3章 数字化转型 / 51

数字化是企业的"器",是新组织的超级变量之一。不加载数字化的"重器",企业不可能在数字时代生存。但是,数字化转型真的只是加载 IT 工具这么简单吗?加载的 IT 工具应该如何融入组织?加载 IT 工具会让组织产生何种变化?

第4章 新生代员工 / 73

新生代员工是企业的"本",也是新组织的超级变量之一。不论加载何种技术，组织始终是围绕人建立的。那么，我们应该如何理解新生代员工？是否需要基于他们的特征来打造新的组织模式？

第 5 章 组织管理创新 / 107

讨论过"形""神""器""本"，我们可以回到一幅更大的画面来思考"组织管理"。这些年，商学两界的诸多尝试，究竟有多少是组织管理创新？我们应该坚持什么，避免什么？

下篇 洞见

第 6 章 论商战时局 / 133

上篇 ▸ 对话

THE NATURE OF ORGANIZATION
IN THE DIGITAL ERA

———

数字时代，组织与人力资源管理究竟发生了什么变化，又在坚守什么内核？这是在一波接一波的不确定冲击之下，反复回响在商学两界的问题。正是对于这个核心问题的不断追问，衍生出了组织与人力资源专业上的若干"热词"和若干"论战"。

◐ 组织模式——新的组织模式真的来了吗？太多互联网公司、新旧媒体、趋势作家、咨询机构热炒的"新组织概念"究竟是不是模式？有没有创新？

◐ 组织能力——企业应该打造什么样的组织能力？太多企业在失败时都把原因归结于组织能力，这个锅，组织能力究竟该不该背？如果要背锅，应该怎样背？

◐ 数字化——数字化浪潮又将为企业带来什么？当商业环境都已经数字化了，企业又应该如何进行数字化转型？

◐ 新生代员工——新生代员工真的是"新物种"吗？他们需要什么样的管理，需要什么样的组织？

◐ 组织管理创新——管理的创新应该沿着什么方向前进？管理
真的迎来"大时代"了吗？百花齐放的背后，究竟有多少真知
灼见？

自 2010 年互联网浪潮涌来至今，上述五个热门话题陆续登场，我们分别从五个方面切入，尝试窥探"数字时代的组织本质"。这些探讨带来了一波波流量，却并没有留下清晰的答案，反而更让人雾里看花。而一次次的雾里看花之后，组织与人力资源专业的核心问题，似乎已经没有人有兴趣去追问了，正如互联网上的一次次"热搜"。

于是，一股"凭手感""不思考""唯实践"的反智主义思潮开始抬头。不仅理论成了遭人鄙视的糟粕，而且有很多声音都在随口制造理论。但我们应该明白，管理尽管有艺术的成分，却始终是门科学，在数字时代尤其如此。没有深度的思考，理论将停滞不前，实践最终也会乱象丛生，组织与人力资源管理这一专业也必将失去应有的魅力。

但回归理性，这五次浪潮并非随机涌现，而是恰恰反映了"局中人""春江水暖鸭先知"的敏锐和蜂巢式的群体智慧[⊖]，体现的是解构"数字时代的组织本质"的五个绝佳维度（见图 0-1）：

◐ 组织模式是企业的"形"，是建设新组织的主线。

◐ 组织能力是企业的"神"，是建设新组织的辅线。

◐ 数字化是企业的"器"，是新组织的超级变量之一。

◐ 新生代员工是企业的"本"，是新组织的超级变量之二。

◐ 组织管理创新是一个更加完整的画面，同时整合了上述维度。

⊖ 来自互联网趋势作家凯文·凯利的著作《失控》，他认为个体的简单智慧可以集合成一种高级智慧，并以蜂群作为比喻，呈现了这一观点。

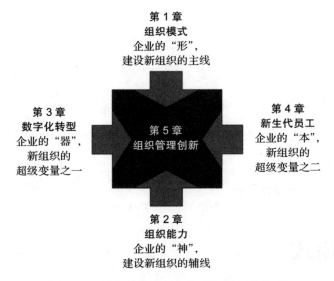

图 0-1　"数字时代的组织本质"的五个维度

　　显然，借由上述五个维度形成的框架进行高质量的探讨，能够让我们洞穿"数字时代的组织本质"，甚至勾勒出一幅在数字时代进行新组织建设的行动路线图（Road Map）。

　　在五次舆论的热潮中，陈春花、彭剑锋、穆胜三位学者都有聚首论道，用自成一派的理论体系解构热点，留下了对于时代的深度思考。读者会发现，一个主题经过三种体系的洗涤后，已然露出了真容。关于"数字时代的组织本质"，三人的五次对话后，已经有了拨云见日之意。

第 1 章 ▶ CHAPTER 1

组织模式

组织模式（Organization Pattern）是企业的"形"，其涉及组织结构、激励机制、赋能机制等有形的要素。

数字时代，组织（模式）转型已经成为商业模式转型之后的又一个热点。原因在于，绝大多数的企业采用了工业经济时代传承至今的金字塔组织模式，这导致了它们笨重，难以在这个不确定性的时代生存。它们迫切需要打造一种"新组织"。

按照这种逻辑，对组织模式的各要素进行修改，成了建设"新组织"的主线。这种决心不可谓不大，组织结构、激励机制、赋能机制的每一次调整，都称得上是转型或变革，都需要企业投入令人咋舌的代价。

相对实践者对于组织转型的迫切需求，理论界和咨询界在方法论塑造上的进展却让人遗憾。

从 2015 年开始，组织转型便坐上风口。在这股潮流中，去中心化、去权威化、自组织、扁平化……已经成了众声喧哗中的标配。随着这些转型导向，合弄制、三叶草组织、海星组织、指数型组织、轻足迹管理、触点管理、青色组织……大量新概念应运而生，多到"概念通胀"，每个概念一本商业畅销书，让人应接不暇。但回到现实，组织转型究竟应该怎么做，实践者还是一头雾水。

就连少数号称成功实践组织转型的企业，其理念和方法的普适性也频频受到质疑。如果它们组织的成功是"模式"，那么为何很少有企业能够复制？如果它们组织的成功是"故事"，那么对于其他企业来说又有什么意义？组织转型本来就需要长期投入，如果到处充斥着"故事"，试图转型的企业岂不是会更加雾里看花？

喧嚣中的泡沫与真理

1. 组织转型焦虑爆发

从 2015 年开始，在"互联网思维"的余温中，谈论互联网时代组织转型的声音不绝于耳，大量新概念随之出现，大家都在期待一种超级灵活的组织。为什么会出现这样的喧嚣？喧嚣过后，对于这种类组织究竟是什么样的，业界是否已经形成了共识？还存在什么主要分歧？

陈春花（以下简称"陈"）：因为环境在持续变化，组织转型的话题也一直都在。按照组织行为的逻辑，不会存在一种绝对的组织模式是最优的，所以领导方式和组织结构都是多样的，并且有其合适的使用条件。同时，我们还需要了解，任何的组织都是与其所确定的战略或者商业模式相关的，对于组织而言，始终以顾客价值为导向是核心。

在变革的部分，想要寻求唯一的答案或者固定的答案几乎是不可能的。像张瑞敏先生所说的，他现在不想去写海尔变革的书，因为写完之后有可能已经过时了。在我自己的认知里，我也一直坚持"改变是组织最大的资产"。所以，变化是共识，但是"具体要变成的这个样子"本身也应该是在变化的。在我之前的研究里，我曾经用"水样的组织"来描述今天的组织形态。也就是说，组织可能的样子会像水，像水一样的组织不仅具有灵活性，还具有坚韧性，是变和不变的统一。

彭剑锋（以下简称"彭"）："组织转型热"主要基于几方面的原因：一是，传统组织离客户太远，决策重心偏高，职能分工过细，难以对客户的个性化需求做出敏捷响应；二是，传统组织的权威领导、严格的等级秩序、固化的岗位职责与角色定位，难以释放人才的价值创造的活力，不利于组织基于客户的个性化需求进行跨边界的充分协同；三是，数字化、互联网化、人工智能化在中国企业的加速应用，为组织的去中介化、去权威化、去边界化、去戒律化提供了技术条件。

有关组织的新概念层出不穷也是一种必然。但不管组织怎么变，持续激发组织活力与提升组织效率这两个组织管理的基本命题并没有改变。对于"组织要开放，要与外界环境进行能量交换，要敏捷地响应市场与客户需求，要激活人才的价值创造，要释放人的生产力"等变革与转型的目的，业界也还是有共识的。

所具有的分歧是：新旧模式如何转换，是将传统的科层制[⊖]（Hierarchy 或 Bureaucracy）组织砸碎，创造全新组织物种，还是中间有个过渡，有个新旧转换的桥梁？去中介化，组织就真的没有中层了吗？去权威化，组织就不要领导和权威，人人真的是 CEO 了吗？去边界化，组织与组织之间就真的没有界线，完全融为一体，不分你我了吗？去戒律化，组织就真的完全不要约束和规则，人人都自由发挥、自我驱动了吗？

有时新概念看上去很美，但一实际操作就卡壳或走样。新事物似乎完全可以替代旧事物，但一实际操作就发现还是绕不过旧事物这个坎儿，最终又回到原点。好在管理就是实践，一切都得在实践中去验证、去创新、去迭代。

穆胜（以下简称"穆"）：正如两位老师所说的，竞争环境和用户需求的改变，让传统的金字塔组织（科层制）开始过时，组织需要变得更加灵活，而互联网技术的出现降低了交易成本，让组织有可能变得更加灵活。另外需要提及的是，人性天然追求自由，希望释放自我，这也是推动组织转型的重要原因，甚至有可能是根本原因。这些方面都是导致组织转型出现"喧嚣"的原因，但也很容易达成共识。

但是，对于组织转型应该走向何方，我认为并没有形成共识，反而是越来越乱，以至于这个领域已经"概念通胀"了。正如彭老师所言，新概念看上去很美，一旦进入操作层面就开始卡壳。根据我对不少实践者的观察，他们甚至根本没有思考过彭老师提出的上述问

⊖ 源自马克斯·韦伯（Max Weber）的概念，意指横向分工和纵向授权的金字塔组织，它是当前绝大多数企业采用的组织模式。

题。恐怕这些还不能叫作"分歧","分歧"至少是有过思考之后的不同。有意思的是，大量实践者勤于焦虑，懒于思考；勤于喊口号，懒于实践。当然，陈老师认为这种转型本身是个过程，可能永远没有终点，我是赞成的。只不过，我认为互联网时代的组织转型可能会有一个"底层范式"，而学界和实践界尚未就这个"底层范式"达成共识。

2. 互联网式组织管理

当时有一种观点是，"互联网思维"运用在组织管理上会形成创新。不少互联网从业者也喊出了很多出位的口号，如"去 KPI"[⊖]"为情怀而工作""自己决定上班时间"等。现在看，这些"新风格"究竟是时代的趋势还是泡沫？互联网企业在组织管理上的这些"新风格"到底为我们留下了什么？

陈：互联网思维看起来是个让经营者和管理者兴奋的话题，但是，必须回归理性。组织依然需要依托于绩效和组织目标的实现才能存在，因为任何组织都需要用可见的绩效来检验。

如果一个企业因为 KPI 而导致保守、僵化甚至不愿意冒险，那么我认为"去 KPI"的说法是很正确的。但是，如果不是从这个意义上去说，我觉得就不合适了。随着互联网技术的出现，个体价值崛起是一个需要管理者认真对待的情形。在实现目标的过程中，根据今天个体的特征，要更加注重考虑个体的需要，一定要在能够激活个体的前提下考虑组织管理的属性。"为情怀而工作""自己决定上班时间"，恰恰可以说明个体对于自己的认知是非常明确的。如果个体具有创造价值的能力，具有真正的情怀，我觉得这个口号非常值得赞赏。但是需

　⊖　KPI（Key Performance Indicator），即关键绩效指标。去 KPI，就是绩效的去中心化。

要明确是，即便谈情怀和授权，也不是为了情怀和授权，最终必须回到个体绩效和个体价值创造上来。

所以，我们恰恰应该在这个看似泡沫或者浮躁的时代沉静下来，清晰地理解新风格内在的含义，这样才可以更好地激活个体的价值。我相信各种各样的新风格还会出现，这些风格会记录每个时代人们的特征，但创造新风格本身并不是目的，核心还是要创造可见的绩效和价值。

彭：我认为"去 KPI""为情怀而工作""自己决定上班时间"这些新的管理时尚既不是时代趋势，也不是时代泡沫，而是 VUCA⊖时代管理模式与风格的一种多元并存的状态。对于战略目标清晰、未来相对可预测的许多产业或企业，就是要通过 KPI 实现战略上的聚焦与资源的非对称性配置，使得组织全体成员的行为能够聚焦在成功的关键行为及经营管理重点与问题上。对于某些互联网企业及创新型企业，战略目标没法预先确定，需要在多目标选择中去探索、去迭代，去逐步清晰目标。以结果为导向的 KPI 显然不适合，因为结果无法预先确定，而采用以过程为导向的、动态调整目标的 OKR⊜更具适应性。在大多数制造行业，员工的工作需要依据流程和岗位职责的要求来进行，不可能为情怀而工作，自己想几点上班就上班，不想上班就睡到自然醒。而对于某些创新型企业或个体知识创新者，确实可以为情怀工作，

⊖ VUCA 是 volatility（易变性）、uncertainty（不确定性）、complexity（复杂性）、ambiguity（模糊性）的缩写。VUCA 这个术语源于军事用语，被宝洁公司首席运营官罗伯特·麦克唐纳（Robert McDonald）率先引用到商业上，并在 20 世纪 90 年代开始被普遍使用。进入互联网时代后，VUCA 频频被用于描述商业环境。

⊜ OKR（Objectives and Key Results），即目标与关键成果法，是一套明确和跟踪目标及其完成情况的管理工具和方法，由英特尔公司创始人安迪·格鲁夫（Andy Grove）发明，并由约翰·杜尔（John Doerr）引入谷歌使用后被发扬光大，随后风靡硅谷，Facebook、Linked In 也是其信徒。2014 年，OKR 传入中国，并受到热捧。

可以随性安排工作时间。这里面没有谁好谁坏，谁先进谁落后，谁替代谁，适合就是真理，满足客户需求、有利于企业发展就是先进。

穆：两位老师是从不同视角来解读这个问题的。陈老师强调了"不变"，即管理的目的是创造绩效和价值，而彭老师强调了"变"，即不同的管理风格应该匹配不同的管理环境。我的观点是，潮流可能有道理，却不一定是真理。

虽然我也赞成管理的权变，但我认为那些所谓的"新风格"更像是时代的泡沫。不打卡、不考核、提倡情怀等所谓"去管理"的举措，并不仅仅是在互联网时代才发生的，但最终都被证明是乌托邦式的空想。现实是，当我们让员工自我管理时，只要有一个人偷懒，大家就会比着偷懒，因为人家偷懒了自己不偷懒就吃亏了。用情怀的幌子去规避制度设计，这是很荒谬的。伟大的制度一定是基于"恶"的人性假设，要能够让所有的坏人都变成好人。OKR 是一个不错的工具，但它仍然寄希望于员工的"情怀"。所以，最初它可能会有用，一旦员工"玩懂了"，立即就会变味。

我还想提醒的是，在业绩耀眼的互联网企业中，虽然也不乏少数管理出色者，但大多数企业都是"赛道驱动"而不是"管理驱动"的。盲目对标，有可能是"找迈克尔·乔丹学足球，找泰格·伍兹学台球"。

"新物种"的新组织范式

1. 组织转型的三件大事

去中心化、去权威化、自组织、扁平化……口号似乎已经成为

"正确的废话"。回到实践中，如果要形成类似的组织状态，企业应该做的最重要的三件事是什么？剔除"保持开放心态，保持良好沟通，领导者成为教练"之类的大口号，我们需要的"落地操作"是什么？

陈：这些话也许是"正确的废话"。之所以这样说，是因为这些话需要一些前提条件才是"正确的"。比如，个体充分理解了责任、自律、创新、约束等之间的关系。如果个体不够成熟，这些话也就不见得正确了。其实，大部分的组织需要中心化也需要权威化，只是不能过度集中，同时，要在做好中心化和权威化的前提下分权。如果为了去中心化而去中心化，组织的稳定性和绩效反而会受到影响。

我还是按照这是"正确的废话"来回答这个问题。回归到现实当中，企业做的第一件事就是让组织的起点从顾客端开始，第二件事是拥有一个开放的信息平台，第三件事是领导者成为被管理者。

彭：这些提法是有价值、可选择的正确的组织变革方向，也是很多世界级企业（如苹果、亚马逊、脸书）的最优组织实践，扣上"废话"这顶帽子似乎有失偏颇。最关键的问题是如何操作，如何适应企业的业务特点和管理基础来进行组织的调整和转型。穆胜刚才提到的大家对于实践方面的谨慎，可能是因为组织的变革与转型是涉及责、权、利、能关系的重新调整，是一项敏感的系统工程，变革的风险大、成本高。但组织转型的趋势是明确的。企业失败的原因中，只有少部分是源于对外部机会的误判，大部分是因为无法调整内部组织以适应已经发生改变的世界与新机会。例如，诺基亚、摩托罗拉之所以陨落，不是因为它们没有看到时代的趋势，而是不愿走出"舒适区"，懒于组织变革。

企业的组织变革要关注三件事：第一，澄清组织变革的目的，即变革要解决什么问题。企业是否扁平化、自组织化不重要，这些不是变革的目的，变革的目的是使组织适应时代和客户的要求。第二，变革最深层次、最难的是人的变革，是企业责、权、利、能机制的创新与重构。因此，变革需要高层及全员参与，需要从老板到各级干部的自我批判，需要深层机制的创新配套。第三，变革的资源配置和执行力很重要，想好了就干，遇到冲突和矛盾要敢闯，变革肯定要付出成本，各级干部要有担当。

穆：在我的标准里，"正确的废话"有两类：一类是某些假设条件根本不可能出现的结论，就是陈老师提到的观点；我可以举另一个例子，乌托邦的逻辑绝对正确——如果人人都无私奉献，生产力就可以最大化，就可以实现按需分配。但现实中，可能让人人都无私奉献吗？另一类是口号很大，人人都认可，但没有落地的措施。所以，彭老师提出应该关注组织转型如何操作，我是高度赞成的。

在组织转型的具体操作上，有三点最为重要。第一，老板想清楚自己要什么。没有平等的价值观就不要盲目打造平台型组织，不想练管理的内功就不要轻易推动组织转型。第二，改变组织结构。这是"责、权"，解决指挥条线的问题。要实现自组织等效果，企业必然是小前台、强中台、大后台。第三，改变激励机制。这是"利"，解决指挥条线上每个节点动力的问题。要让激励的颗粒度下沉到最小团队甚至个人，要让每个人能够从自己薪酬的起伏上感受到市场的压力，分享到市场的收益。

2. 组织模式"新物种"

在组织管理上，不少企业宣传自己的创新。真的有这么多的"新物种"吗？如果有，"新物种"是哪些企业？

陈： 我很少用"新物种"用这个词，因为我不太理解如何界定"新"与"旧"。但是我不反对用这个词，因为这个词的出现，让我们可以更聚焦地去认识和了解发生的一些全新事情。如果我们把重新定义行业、重新定义顾客、重新定义市场，甚至重新定义一切，都称为"新物种"的话，我的确同意，有非常多"新物种"。"新物种"可以层出不穷，并产生影响。

彭： 这个时代，企业的商业模式、组织形态相对于科层制组织，确实出现了颠覆式的新模式、新形态。能否冠之以"新物种"之名不好说，但确实是以前不曾有的。例如，滴滴打车，企业与司机之间的关系不再是简单的雇佣关系；韩都衣舍的七大平台与数百个产品小组不再是权威驱动，而是平台赋能与客户需求数据驱动；小米生态经营模式下的组织边界被打破；光启科技颠覆式创新的蝗虫式组织形态，确实画不出其范式结构，每周都在变；阿里巴巴的无人零售不需要领导、管理职能分工与中介，直接对接数据与消费者需求；还有京东的无人仓库、青岛港的无人码头、海尔的智能工厂等。传统组织中的岗位、班组、上下工序人员协同、质量管理小组等都消失了。

中国企业的数字化、互联网化、人工智能的应用，由于没有西方国家那样的法律、工会、隐私权道德等的严格约束，将彻底变革传统商业模式与组织形态。从这个角度看，"新物种"的产生是必然的。

穆： 从商业模式的角度说，"新物种"应该不在少数，技术是导致

"新物种"出现的重要变量。但从组织模式的角度说，我并没有看到太多的创新。大量企业的所谓创新，一是在不了解前人做了什么时的一种盲目自信，二是为了宣传自己的企业而强行贴上去的标签。有的企业把简单的事业部制换个说法，就成了"新物种"，还一本正经地谈自己的"新模式"，这有点搞笑。就我目前的观察来看，海尔和华为应该是在组织模式上真正有创新的两家企业，而这两家企业都是经过了若干年的组织转型探索，融会贯通了多样"武功"，最后才自成体系的。

3. 组织转型新范式

基于对"新物种"的观察，互联网时代组织转型有一种"范式"吗？或者说，互联网时代的组织转型有很多可能性，并不存在一种"范式"，而是有各种各样的新组织模式吗？

陈：互联网时代组织转型可能并无定式，不过会有这样三个可能的倾向：一是在经营上从专一化到双业务驱动，这是组织迎接不确定性的一种方式；二是在管理上从组织导向到个体导向，通过激活个体的方式实现个体和组织的平衡；三是在效率来源上从分工到协同，这是组织内外部工作方式的演变。

彭：不确定时代，组织无范式，即使有范式，也是多种形态并存。我印象颇深的是，春花老师提出的"水一样的组织"。现在的组织形态就像水，随时随形在变，时有形时无形，但水往低处流是一个自然规律，是一个范式。

从这个意义上讲，互联互通时代组织有几个范式：①扁平化是一大范式；②自组织（平台化＋项目＋生态的复合式有机组织）是一大范式；③组织与人的合伙制关系、人力资本与货币资本相互雇佣关系是一大范式。

穆：我是一直赞成有"底层范式"的，而且我认为这个底层范式就是平台型组织（Platform-based Organization）。之所以下这样的结论，是因为在当下纷繁复杂的组织创新案例和组织转型主张中，这个范式是能够提供理论解释和操作支撑的。按照两位老师的标准来检验，平台型组织也完全符合这种要求。

4. 新旧之间，共存还是颠覆

传统的科层制似乎已经成为众矢之的，所有企业的笨重、大企业病似乎都可以归咎于科层制。那么，未来的组织模式与科层制真的是势不两立的吗？

陈：未来的组织模式和科层制并不矛盾，科层制作为工具会过时或者有不合时宜的地方，但是未来的组织模式恰恰应该吸收科层制的理性精神。换言之，科层制的形式也许会过时，但其灵魂需要我们看到，并且它依然有意义。科层制的本质是组织理性，未来的组织模式可以变换甚至不用科层制，但不能丢失其理性。产生大企业病也不在于科层制本身，科层制是用来解决组织效率问题的，所以科层制本身也需要保持简单。科层制也许是产生大企业病的一个载体，但是绝对不是原因。

彭：科层制本身没有错，它是工业文明时代组织产生规模化效率的最有效的组织形态。中国绝大多数制造企业尚未完成数字化、互联网化、人工智能化的改造与升级，因此，科层制对中国很多企业而言仍然是主流的组织模式，企业仍然要靠科层制吃饭，靠科层制提高组织效率。科层制与未来的组织模式在中国企业中并不是势不两立的，而是要和平共处相当长一段时间。

穆：我同意两位老师的大部分观点，科层制和未来的组织模式之间并非水火不容，而是可能要和谐共处，我在《释放潜能：平台型组织的进化路线图》一书中对这个问题进行过探讨。如果考虑平台型组织才是未来的范式，我认为科层制组织和平台型组织之间存在几种关系：第一，科层制是平台型组织的底层（平台母体）；第二，科层制是平台型组织起步的基础（组织萌芽）；第三，科层制是平台型组织局部的最小单元（项目本身）。所以，我们只能谈从组织的大逻辑上打破（break）科层制，而不能谈清除（clear away）科层制。从趋势上讲，如果我们认可人性不存在那种绝对的"无私奉献"，在科层制组织里出现部门墙、隔热层、流程桶等大企业病就是必然的，而这些都只有通过打造平台型组织去破解。在这点上，我可能与两位老师的观点略有不同。

新领导力造就伟大企业

1. 新领导者悖论

互联网时代面临的组织转型可能不是在平地上建一栋房子，而是推倒一栋旧房子，建一栋新房子。要实施这样的改革，我们需要一位什么样的企业一把手呢？不确定时代需要英雄，我们似乎需要强势的人，而走向一种去中心化的组织模式，我们似乎需要更加平权的人。这是个不可调和的矛盾吗？

彭：去中心化、去权威化是相对于一切以领导为中心、一切以行政权力为中心而提出来的。这并不是完全否定中心和权威，而是要从以领导为中心转向以市场与客户为中心，要从"脑袋面向领导，屁股对着客户"转向"脑袋面向客户，屁股对着领导"。要从行政命令的权威驱动，一切行政领导说了算，转向客户价值驱动与人才自我驱动，谁最了解客户，谁最贴近客户，谁就最有权威，谁就说了算。

同时，由传统组织向数字化、互联网化组织的转型与变革，更需要"企业家精神"，具体来说，是企业家的创新精神、自我批判精神、对变革风险的担当精神。虽然这种变革需要强势的领袖人物来引领和推动，但强势与平权是阴阳叠加态的整体，不能将它们割裂开，没有阳就没有阴，没有领袖人物的强势推动，就没有全体员工的变革参与。

陈：互联网时代的转型要建造"双子塔"，并且双塔之间协同发展。所以，依然需要一位理性的领导者，不是一时冲动，"倾家荡产"去做新业务，也不是完全不去迎接变化，不确定时代更需要冷静的领导者。

完全去中心化依然值得商榷。员工太强势和领导者太强势是一个道理，两者之间本质上不是强势或弱势的关系，而是协同共生的关系。其实这对于领导者和员工都是一个挑战——如何适应互为主体，彼此各自承担责任并协同一致。所以我在《激活组织：从个体价值到集合智慧》[○]一书中认为，领导者必须承担新角色：布道者、设计者和伙伴。布道者就是要能够从价值观上去做牵引，设计者就是能够把"梦想"

○　该书已由机械工业出版社出版。

嵌入产品和企业组织之中，而伙伴则是要学会成为被管理者。这就是转型中需要的领导者新角色。

穆：要形成彭老师提到的那种"员工脸向着客户，屁股对着领导"的持续状态，对于企业来说，肯定要进行组织转型的大手术，的确需要一把手的果敢和担当。但我也认为这样做企业失控的风险是极大的，这和陈老师的观点相似。很多企业家推崇的凯文·凯利⊖主张企业失控，因为他是"上帝"视角，失控中有生有死，可以产生新的可能性。而企业家却不能轻易让企业失控，因为他们是烟火视角，企业一旦失控，可能就再也无法重生。

所以，企业的组织转型这台大手术，需要高手来操刀。我提到过一种"平台领导力"，认为平台型组织的领导者应该是平权精神的象征者和布道者，应该是新游戏规则的设计师，应该是企业资源池的建设者，应该是播种和收割的风险投资家。最难的是，他们可能需要用强权来结束强权。

2. 伟大企业的诞生

互联网时代的不确定性加速了许多企业的死亡，这引出一个经典的问题——企业可能永生吗？伟大企业应该符合哪几个标准？哪些企业已经成为或具备潜质成为这种伟大企业？

彭：任何组织作为一个有机生命体，都是有生命周期的，企业自

⊖ 昵称KK，《连线》（*Wired*）杂志创始主编，著有《失控》等著作。在创办《连线》之前，他是《全球概览》（*The Whole Earth Catalog*）杂志的编辑和出版人，这也是乔布斯最喜欢的杂志。KK被看作"网络文化"（Cyberculture）的发言人和观察者，其若干前瞻性预测对世界互联网的发展产生了重大影响。

然不可能永生，死亡是必然的。但企业可以追求活得长一些，如活过百年甚至千年。伟大的企业不仅需要销售收入、利润、资产等硬指标达到行业领先水平，更需要软实力得到业界与社会的认可。具有全球竞争力的、受人尊重的世界级伟大企业的软实力标准，我认为有八个：

（1）引领产业正确发展方向的客户价值主张，成为产业规则和标准的制定者。

（2）优化的公司治理与共享价值观，以及背后的产业领袖领导力。

（3）领先的人才与知识产权。

（4）领先的技术足以形成壁垒，以及背后的自主创新力。

（5）产业市场支配力（领先的市场竞争优势）与全球性的品牌认知与价值。

（6）卓越的管理与运营，其最优实践成为业界标杆。

（7）国际化程度与全球资源运筹、配置力。

（8）成为社会责任承担者与良性产业生态维护者。

从这八个标准来看，只有华为、万向、美的、格力、海尔等少数中国实体企业与伟大企业沾得上边儿，而互联网的 BAT（百度、阿里巴巴、腾讯）是非常成功的商业企业，但还达不到伟大的标准。BAT 的盈利里，都有让人诟病的地方，顶多是最挣钱的、商业上成功的世界级大企业，但离"伟大企业"，还有很长的路要走。

陈：如果从组织属性本身来说，企业是可以永生的，因为组织本身的属性之一就是可持续性，有了组织的可持续性，企业的确可以永生。但我认为，这不是问题的关键，问题的关键是企业如何成为一个伟大企业，而不仅仅是永生。

彭老师提到，伟大企业在经营业绩之外，软实力应该得到业界与社会的认可，这个观点我比较认同。在我看来，伟大企业应该具有两个主要的特征：第一，创造出真正造福于人类的产品；第二，拥有一位理解如何分配财富的企业家。只有伟大的企业家才会成就伟大的企业，而伟大的企业家之所以伟大，就是因为他能够真正理解财富的价值，并愿意把财富分配出去。如果一个企业无法提供伟大的产品，无法真正帮助到人们，推动社会进步，也就无法被检验为伟大的企业。我关注中国企业比较多，也许华为具有成为伟大企业的可能性。

穆： 两位老师的观点也许可以用"大商不奸"四个字来概括。其实，真正伟大的企业永远是与员工、合作者和客户进行正和博弈（一起做蛋糕、分蛋糕），而非零和博弈的。能持续做到这一点，企业自然可以永生。当然，也许知易行难。

我们不妨把伟大企业的标准变得简单一点。我认为，伟大的企业都是能够抵御系统性风险的。而要让企业真正能够抵御系统性风险，还是要将企业变成平台型组织，在平台型组织上打造生态。这样的企业之所以可以生生不息，是因为平台上存在各类"物种"，而各类"物种"之间是相互滋养的，相当于形成了一个生生不息的"热带雨林"。其实，透过这种组织模式，我们看到的是这类企业伟大的价值观——平等、自由、开放。从这个意义上说，企业家为社会输出一种伟大的"组织模式的底层范式"，也许比向社会输出一家伟大的企业更有意义。在当下，我比较看好海尔和华为，它们都在打造平台型组织甚至生态型组织。

**认知
浓缩**

出现组织模式转型热潮基于两大原因：一是回应客户需求，创造客户价值；二是适应员工的个性化需求，激发个体的潜能。除此之外，数字技术为打造新组织提供了外在条件。

互联网企业类似"去 KPI""为情怀而工作""自己决定上班时间"的新风格，只是这个时代的一种多元并存状态，潮流可能有道理，却不一定是真理，组织建设的准则始终以绩效为试金石。

要警惕用情怀的幌子去规避制度设计。最伟大的制度一定是基于最"恶"的人性假设，能够让所有的坏人都变成好人。

组织的变革与转型涉及责、权、利、能关系的重新调整，是一项敏感的系统工程，变革的风险大、成本高。要推动这种变革与转型，一方面，需要老板有清晰的思路和坚定的决心；另一方面，需要彻底调整组织的状态，其中组织结构和激励机制是改革的重点。

利用数字技术开辟的商业空间，重新定义行业、重新定义顾客、重新定义市场的企业，都可以称为"新物种"。商业模式的创新不等于组织模式的创新，大量宣称进行了组织模式创新的企业，实际上更像是盲目自信或贴上去的标签。

数字时代的组织模式有一些共同特征：多样经营、个体崛起、大范围协同、扁平化、自组织、合伙化等。按照这些特征，数字时代的组织范式有可能是平台型组织。

未来的组织模式和科层制并不矛盾，科层制的灵魂是理性精神，是工业经济时代规模化生产最有效的组织形态。我们只能谈从组织的大逻辑上打破（break）科层制，而不能谈清除（clear away）科层制，新旧组织模式还会并存很长一段时间。

数字时代，推动组织转型更需要企业家精神，包括创新精神、自我批判精神、对变革风险的担当精神等。这类企业家精神呈现在新型领导者角色上，包括平权精神的象征和布道者、新游戏规则的设计师、企业资源池的建设者、播种和收获的风险投资家、提供支持（甚至被管理）的伙伴。这类企业家最难的地方在于，他们要用强权结束强权。

伟大的企业不仅需要销售收入、利润、资产等硬指标达到行业领先水平，更需要软实力得到业界与社会的认可，另外，它们还能抵御系统性风险。所谓软实力，可以用两个标准来检验：第一，是否创造出真正造福于人类的产品；第二，是否拥有一位真正理解如何分配财富的企业家。这背后的底层逻辑是，真正伟大的企业永远是与员工、合作者和客户进行正和博弈（一起做蛋糕、分蛋糕），而非零和博弈的。而这种底层逻辑的背后，是这类企业伟大的价值观——平等、自由、开放。

CHAPTER 2 ◀ 第 2 章

组织能力

组织能力（Organizational Capability）是企业的"神"，其涉及组织价值观、组织规则、组织知识等无形要素。

经过多年对于组织转型的热捧，企业似乎进入了"组织转型免疫期"。从 2019 年开始，企业家和高管们不再对组织转型高谈阔论，转而将"组织能力"作为新宠，于是这个老概念被再次翻红，C 位出道。这种翻红似乎可以理解，诸多企业对当前商业世界的若干不确定性异常警惕，开始回归组织管理，希望沉淀内力，笑傲寒冬。

按照这种逻辑，瞄准组织能力的结果调整组织或个体，成了建设"新组织"的辅线。眼见企业家和高管们频频提及组织能力，各类干预动作也是百花齐放，组织能力却似乎原地不动。由于对组织能力的概念不清、要素不明、逻辑不畅、方法不通，这种提升组织能力的思路有点像是"捕风"。

从另一方面说，组织能力之所以能够受到如此多的关注，正因为它算得上是解释企业成功与失败的万能答案。有人开玩笑说："如果你无法解释某个企业的成功与失败，只需要沉思半分钟，然后抛出'所有问题都是现象，组织能力才是根本'的判断，就会让人觉得深邃。"

一直以来，组织能力即使作为一个学术概念也从来未曾统一认识，进入实践的世界，自然也就被人云亦云了。这样"贱化"组织能力的方式，真的正确吗？这样的概念，又怎么能指导实践呢？

企业对于打造组织能力的实践更像是盲人摸象，这必然导致巨大的热情无果而终，最终浪费了企业的投入，也错过了宝贵的时间窗口。

组织能力的幻象与真相

1. 重回 C 位的组织能力

"组织能力"这个词为什么现在这么热？

陈春花（以下简称"陈"）：在数字时代，各种资源都处在剧烈变化之中，动态性、复杂性、多维度以及不可预测性，是企业面对的基本环境。那么，如何快速整合不同的资源，如何高效协调配置资源以面对不确定性，成为企业要面对的主要挑战。这就要求企业打造组织能力，去整合资源，高效配置资源，并获得结果。组织能力也因此成为企业的核心能力。

另外，今天企业的发展速度非常快，新创企业借助数字技术和创新顾客价值需求，以倍数增长，甚至成为独角兽。这些企业在快速成长中，最大的困境是组织的困境。高速增长带来人员增长过快，组织问题层出不穷，组织能力成为瓶颈。传统企业面临着结构僵化和角色依赖问题，人们习惯于按照已有的角色岗位去思考、去理解所要承担的责任，并且为了守护住自己的角色，害怕调整，导致企业无法面对外部环境的巨大变化，因此需要进行组织转型。重构组织能力则是这些传统企业在今天的主题。

彭剑锋（以下简称"彭"）："组织能力"这个词为何这么热？热在两方面。

一方面，我们所处的时代变得日趋复杂和不确定，企业要应对外部环境的高度不确定性，唯有做好自己，提升内在组织能力，才有活下来的本钱。

另一方面，企业重视组织能力也是为了应对发展过程中的两个突出问题：第一，方向正确，但企业还是抓不住新的发展机遇，战略总是落不了地；第二，老板个人能力极强，企业也有几个能人，但老板成天疲于奔命，累死累活，企业还是做不大。最根本的原因是，忽视了组织能力问题，没有将能力建立在组织上，真正打造出强有力的组织能力。

穆胜（以下简称"穆"）：两位老师都将企业对于组织能力的关注总结为两个方面的原因，我是比较赞成的。

一是外部的不确定性。这是时代的环境特征，企业抓住了就是大机会，抓不住就是大败局；你原地不动，人家抓住了，你还是大败局。所以，企业要积极地强化自身的组织能力，这既是进攻，也是防守，是必然的选择。

二是内部的发展瓶颈。这是企业随着自己的发展累积，拖到现在不得不解决的问题。没有搭建适配自身发展阶段的管理系统，就无法形成组织层面的合力，还会暴露出各种问题。陈老师提到的"人员规模增加带来的组织问题频出"和"结构僵化和角色依赖"，彭老师提到的"战略无法落地"和"个人带不动组织"，都是这些问题在不同层面的呈现。

在我看来，中国企业能把组织管理做好的不是很多，它们的组织能力不强实际上很好理解。当前，很多现象都让人触目惊心，连目标分解都做不好的企业不胜枚举。过去，这样的状态没有太大问题，因为工业经济时代并不需要够轻、够快、够强的组织，中国经济也有高速发展带来的红利，大量赛道并未饱和。现在，互联网时代的不确定环境让这些组织上的问题都开始暴露出来了，企业必须补上那些欠下的账。

2. 传统印象中的组织能力

企业家理解的组织能力是怎样的？这些理解有道理吗？

陈：在我所熟悉的企业家群体中，对组织能力的理解可以分为几种：第一种是把组织能力理解为企业人力资源的能力，第二种是把组织能力理解为企业组织系统和流程的能力，第三种是把组织能力理解为核心团队的能力，第四种是把组织能力理解为企业家自己的能力。

这些理解在我看来都是有道理的。组织能力会体现在组织中的人力资源上，通过成员的能力，使获得资源的效率与结果最大化；组织通过系统和流程去整合资源、配置资源、转化资源以获得结果；核心团队因其具有根本的组织责任，同时拥有权力，所以其能力水平的确决定着组织的效率和结果。在创业阶段，组织还未能搭建起来，企业家个人的能力代表着组织能力。

彭：其实，我接触的企业家之所以关注"组织能力"这个词，还是基于问题导向，也就是我前面提到的企业成长的组织瓶颈，他们对于概念倒没有太过于纠结。

一是组织不能提供支撑战略，此时，企业家将组织能力等同于"落地能力"。再深一层推断，要么组织结构不合理，要么组织资源不给力，要么就是没有执行力。

二是老板的能力无法做大企业，此时，企业家的直觉是组织的"系统"出了问题，没有协同，形不成合力，不能放大个人能力。大家羡慕美的的何享健，打球、跑步，闲庭信步就能把企业做得很好。还有就是任正非，打造了一个不完全依赖他个人的组织，有团队为他担责，他不用陷入日常事务，只是定方向、出思想。一个华为的小伙子可能看上去很不起眼，但打单的时候很有战斗力，因为他身后有强大的组织赋能。反过来说，大家去挖华为的人，但挖到自己的企业里就没用了，因为他们出来后没有空中支持，没有好的枪支弹药，没有充足的粮草，打仗时是孤军作战的。

穆：我看到的和两位老师谈到的差不多。归纳起来就是，组织能力能让平凡人做非凡事，让非凡人做超凡事，能够为个人价值的创造增量，这也是个人离不开组织的理由。其实，企业家对于组织能力的理解是随着他们的成长而不断进阶的。

从 0 到 1 的初生期，企业的老板大多是"萌新"，他们更多将组织能力理解为"人"的能力的加总，主要是自己和核心团队的能力。他们认为自己的理念，核心团队应该能够理解，而其他人只要坚决执行就行了。客观来说，这个逻辑链条上的每一个判断都有问题。

从 1 到 n 的发展期，企业的老板大多是"书生"，他们意识到了个人能力不是组织能力，组织能力应该是个"系统"，于是开始按图索骥，通过规划组织结构、业务流程、岗位分工来形成一种集体战斗力。这个方向是对的，但它是长期工程，无法立竿见影。

从 n 到 N 的成熟期，企业的老板在上一个阶段无法立竿见影后，走入两种状态。一类陷入"油腻"，此时的组织问题已经基本全部暴露，他们无法解决，于是将其视为企业长大的必然，对于组织能力建设只是口头重视，实际无感。遇到企业发展问题，一句"我们的组织能力还不够强"，就实现了完美的推卸责任。他们眼中的组织能力是个"筐"，什么都可以往里装。

另一类开始"成熟"，他们意识到组织能力既不是看得见的"人"，也不是看得见的"系统"，而是"人"和"系统"的有机结合，是看不见的。对于这类企业家而言，组织能力只是一种结果，而要达到这种结果则需要复杂的过程。

3. 重新理解组织能力

几位老师对于组织能力的理解又是怎样的？组织能力包括哪些维度？

陈：组织能力通常被理解为，将各种要素投入转化为产品或服务的能力，反映了一家公司所拥有的效率和效果的能力。所以，我把组织能力从两个维度去理解：一个是指开展组织工作的能力，可以理解为一种管理职能，是在组织的各个构成要素之间做配置的活动过程，并由此获得管理的有效结果；另一个是指组织的力量，可以理解为把不同资源、机会整合在一起而形成的合力。

从具体层面看，组织能力包括四个维度：使命、愿景与价值观维度，人的维度，流程、技术与机制的维度，业务模式的维度。需要特别说明的是人的维度与业务模式的维度。人的维度中包括组织成员的能力、心态、思维模式以及领导力。业务模式的维度重点是指如何实现与外部资源，特别是与顾客之间协同共生。

彭：我还是希望不执着于概念，谈谈影响组织能力的要素。

一个是基于价值观的团队领导力，大家目标一致，有共识，能凝聚。就像任正非说自己只是个"糨糊"，把大家黏结在一起。文化价值观统一、战略一致，才能形成团队智慧。

二是企业的核心能力，独特的核心能力依靠组织资源的获取和投入，依靠长期的积累。组织能力一定是坚持长期主义，摒弃机会主义。要学美国企业，加大对技术与人才的投入；要学日本企业，点滴做起，持续改善。

三是通过组织结构的变革调整，激发组织面向市场的敏捷度，激发价值创造的活力。组织结构过于僵化，过于官本位，就会不敏捷。

四是要构建赋能平台，要提升组织资源的配置力、赋能能力、下沉一线的集成综合作战力。一方面，总部要有综合的赋能能力，很多企业建设中央研究院、集成供应链等总部部门，都是在做这方面的努力。现在很多新事业发展不起来，就是因为没有根，老事业平台不能为新事业赋能。另一方面，要培养有企业家精神的个人，这样才能引领新事业的发展。

五是创新组织运行机制，提供组织内外部的协同。现在很多组织还是靠行政权威来协同，不能基于流程、数字化，来形成供应链、研、产、销的协同。从大的产业生态上看，中国企业缺乏协同，产业组织能力和产业协同能力较弱。相比起来，韩日等国的企业因为长期沉淀核心技术，就有这两方面的能力。

穆：组织能力本来就是个大概念，我们三位有着不同的学科背景，自然有不同的理解。我不想说太多学术上的概念，更想说一些有温度的观点。组织能力是一种基于人力资源专业体系形成的"组织记忆"，这指引了企业的"群体行为模式"，员工个体很难对抗这种行为模式，自然会被卷入并成为其中一分子。从形态上看，组织能力表现为企业在竞争中的某些专长，决定了企业在外部市场的"可能性"，比如快速学习的能力、快速与外部合作者建立联系的能力。

至于组织能力具体包括哪些维度，我提出过一个"三明治模型"，即组织能力由组织价值观、组织规则和组织知识构成。三个维度存在递进影响：组织价值观是企业的底层逻辑，决定了员工的基础价值判断；在基于组织价值观的实践中，会达成关于行为的共识，具象化为若干规则；基于规则的共同行动，会沉淀出各类脱离个人存在的组织知识，让最佳实践能够被最大限度地共享，犯过的错误能够让所有人警醒，企业成为一个"有记忆"的组织。这些，都是企业的"战斗力"。

4. 用业绩定义组织能力

我们是否能够这样定义：业绩好的企业，组织能力一定强。存在反例吗？

陈： "业绩好的企业，组织能力一定强"，我认为不完全准确。一些初创企业，因为拥有一种独特的技术或者一位独特的成员，可能会获得好的业绩。一些拥有独占战略资源，有着明显领先优势的企业，获得好业绩是因为战略性资源本身。这两种情况，企业获得好的业绩都不是因为组织能力。

还有一种情况，企业具有很强的组织能力，在行业内具有领先的效率和成本水平，但是依然无法获得好的业绩。这是因为行业被重新定义之后，新进入者打破了行业的边界，我们也可以说企业需要新的组织能力。

如果在较为稳定的环境里，组织能力与业绩之间可能没有完全强相关。但是，在环境变得越来越动荡的背景下，业绩会更加依赖组织能力。此时，企业组织能力强的企业，会获得好的业绩，也可以说，业绩等同于组织能力。

彭： 我和陈老师的看法部分不同。首先，组织能力强，业绩一定好。因为，组织能力如果不能带来企业的高成长，就肯定不够强。组织能力一定能让 $1+1>2$，让平凡人做出不平凡的事，让牛人创造出与众不同的业绩，其最终的结果一定是有很强的组织绩效与竞争力。

其次，业绩好，不一定组织能力强，这个没有问题。正如陈老师谈到的，初创企业拥有个别强人或独特资源，也可能使业绩亮眼。前面穆胜也谈到，过去是机会主义时代，有大把机会，只要老板能抓机会，勇于进行商业模式创新，敢于寻租，企业就能大把挣钱。但在数字互联网时代，如果缺乏组织能力，好业绩是不可持续的。有的企业做到二三十亿元就做不大了，背后还是组织能力的问题，你说它业绩好不好，也还不错，但就是做不大。现在，已经有越来越多的老板认识到这个问题。

穆：的确如此，如果我们问这个长期稳定在 30 亿元营收业绩的企业老板，为什么做不大，他一定会找出各种表面的理由，比如错过了什么机会，有什么战略失误等。但从本质上来说，还是组织能力太弱，过去他们没有意识到，现在却不得不面对了。

关于业绩和组织能力之间的关系，还是要看时代的、环境的影响，时代决定了什么是核心的生产要素。过去的工业经济时代，企业依赖土地、资金、技术获得发展，人是其次的，组织能力没有那么重要。现在的互联网时代，企业越来越依赖人，组织能力就变得非常重要了。

当然，不是说土地、资金、技术等要素不重要了，而是说，在变化的环境中它们必须被人灵活使用，才能形成产品、服务、解决方案，被配置到合适的市场需求上。说穿了，要把优势变成胜势，需要组织能力。组织能力强大到一定程度，甚至能把小资源做出大结果。

其实，环境的不确定性决定组织能力的重要性，这个规律是不变的。我们顺着陈老师的观点再举一个极端的例子，如果有一种治疗癌症的技术，就是一群白痴组成的企业也可以赚钱。很多风险投资专门关注"硬科技"，也是这个道理。这个时候组织能力只会让企业由"成功"变得"更成功"，但它们的成功不是因为组织能力。

5. 如何测量组织能力

我们是否可以测量一个企业的组织能力？或者说，我们可以通过哪些表征来观察一个企业组织能力的强弱？

陈：其实理解组织本身就是一个比较难的事情。我在《哈佛商业评论》上发表过一篇文章，探讨"组织是一个整体"的问题。我在开篇就写了如下一段文字："查尔斯·汉迪[⊖]（Charles Handy）在其著作《组织的概念》一书中讨论组织效力时，画了一张图，这张图说明了组织效力研究何以如此复杂。图中列出了 60 多个不同变量，而事实上产生影响的变量也许比这 60 多个还要多，而组织理论学者总是更倾向于一组变量，因为不这样，研究就无法入手。也因为此，你也可以理解，为什么很多管理实践者会对管理研究学者说'商学院教授没有用'。因为研究的结论总是无法涵盖复杂、多变的实际情况。"加雷思·摩根（Gareth Morgan）在他的《组织印象》一书中告诉我们，关系到组织的问题，并没有所谓唯一正确的答案。

我借助两位组织专家的观点，想表达自己的一个观点——组织是一个整体，所以，衡量组织能力，或许可以从企业整体绩效去衡量，比如顾客价值创造的维度、企业经营绩效的维度、员工成长的维度、合作伙伴价值创造的维度。

彭：我来给出一些具体表征。第一是企业能否持续成长和发展，

⊖ 欧洲最具影响力的管理思想大师，英国《金融时报》称他是欧洲屈指可数的"最像管理哲学家"的人。他先后在东南亚和伦敦的壳牌公司工作，并升任至高级管理职务，而后进入美国麻省理工学院斯隆管理学院学习，并开始对组织管理及其运作原理产生了兴趣。1967 年，他返回英国创办了英国首家管理研究生院——伦敦商学院，并成为该学院的全职教授。

能否把好机会转化为业绩，能否抵御风险，逆周期成长。第二是个人的能力能否在组织中被放大，即离开组织后能力就减弱，加入组织后就能干很大的事业。第三是看老板是否成了救火队队长，老板离开企业后企业能否运转下去。有的老板一来商学院上课，就不停地走出教室打电话，这肯定就是企业没有组织能力。第四是组织是否被能人绑架。其能力不受组织约束，那也是企业没有组织能力，说明不是靠机制或制度去用人。组织需要理性，而组织理性必须靠制度来形成。任正非提出起草《华为基本法》，首先就是为了约束自己，怕自己因不理性而犯错误。第五是组织能力是否与时俱进、不断调整。不能出现组织智障，要自我批判、持续学习。第六是人均效能是否高。

穆：陈老师还是一如既往地用"整体论"来解释，彭老师的例子也很生动。我是一个纯粹的数据派，坚信"无法量化，就无法管理"。另外，我的经验告诉我，如果有若干个数据或表征，那么一定有一个是最关键的。所以我坚持：人力资源效能是组织能力的最佳代言。

企业好比一个装有组织能力的黑箱，一边投入资源，另一边产出绩效。组织能力强，黑箱成为放大器，小资源投入带来大回报；组织能力弱，黑箱成为衰减器，大资源投入带来小回报。所以，资源的投产比正好就说明了企业的组织能力。

所以，我的观点可能和陈老师略有不同。我不认为整体的绩效是组织能力的体现，因为这种绩效可能是大资源"堆"出来的。能力更应体现为效能（efficiency），即投产比，而不是产出的绝对量。其实，彭老师提到的那种组织能力带来的1+1＞2的放大作用，必然体现为效能。另外，效能代表有质量的增长，即精实增长，它可以为企业带来更有意义的"战略级市场",带来更大的持续增量,这个也是很多人忽略的。

效能分为财务效能和人力资源效能,前者体现为资产回报率、毛利率、利润率等,而后者体现为人工成本投产比、人工成本报酬率、人均营收、人均毛利等。由于人力资源是一切资源流转的中心,是所有营收、成本、费用发生的中心,人力资源效能在很大程度上决定了财务效能,我们可以将人力资源效能视为组织能力的最佳代言。反过来说,组织能力强大的企业,毫无疑问拥有高人力资源效能。

组织能力建设的"真北[⊖]之路"

1. 组织模式与组织能力

现在很多企业在推动组织模式创新,扁平化组织、敏捷型组织、无边界组织等概念不绝于耳。组织模式的变化是否会对组织能力的建设带来影响?如果有,是怎样的影响?

陈:组织模式创新,是为了让组织更好地支撑战略的实现,以及组织的价值创造。虽然组织模式创新是因企业战略以及环境变化所驱动的,但是,因为组织模式创新本身就是组织能力的重构,所以组织模式的变化会对组织能力的建设趋势产生影响。

组织能力建设的趋势,主要体现在以下几个方面:

⊖ 真北是与磁北(磁场的北极)和方格北(地图投影上坐标线指示的北方)比较之后得到的位置,这里比喻正确的方向。

◐ 打造组织平台，使得组织能够赋能员工。

◐ 出现强个体，组织具有吸引和留住强个体的能力。

◐ 构建信任系统，组织内外成员能高效地协同工作。

◐ 打造共生型组织，建立共生态系统。

扁平化组织、敏捷型组织、无边界组织等组织模式的创新，也可以说，就是为了在组织层面适应上面四个趋势。

彭：我们面对的是数字化、智能化时代，企业的战略思路要发生变化，从连续性走向非连续性，平台化＋分布式是必然趋势，要么融入平台，要么自建平台，要么超越平台[⊖]。平台＋自主经营体＋超级个体，这是一种主流模式，它对于组织机制的协同有重要影响，组织能力的打造会有不同的地方。陈老师上面提到的，就是匹配这种潮流的方向，我很认同。这里，我补充几个观点：

◐ 让组织能力从封闭走向开放，从"关注内"走向"内外结合"。

◐ 让组织能力跨界融合，不再是单一能力，而是既要有多种能力的综合，又要有自己的长板，这样才能吸引合作者"连接"。

◐ 让个体具备复合能力和集成作战能力。现在一个网红就能卖几十亿元，当然他们离不开平台。

◐ 让组织具有数字化运营能力，这是时代的需要。数字化的智慧业务流程和传统的业务流程完全不一样。

穆：我一直认为，组织能力是组织模式和个体能力交互的结果。为什么不提个体意愿？因为员工不是天然的对抗者，他们有没有意愿，

⊖ 靠强大的技术和产品，实现跨生态合作。

还是看组织模式，而组织模式就包括组织结构和激励机制两个内容。

这个时代组织模式在创新，也有很多新概念，但都逃不出平台型组织的底层逻辑。与传统组织相比，组织能力的建设有三个方向：

- ◑ 改变组织结构，这实际上是改变"责"和"权"，即改变指挥条线。改变过去领导指挥员工的模式，以客户为中心，让前台拉动中台，再拉动后台。
- ◑ 改变激励机制，这实际上是改变"利"，即改变指挥条线上节点的动力机制。直观的效果就是要让人人都是自己的 CEO。公司大平台层面的激励、产业子平台层面的激励、项目层面的激励……都需要存在，让员工既看长期又看短期，既算大账又算小账。
- ◑ 改变赋能机制，这实际上是改变"能"，即改变指挥条线上节点的动力水平。短期提供资源和方法上的帮扶，长期打造人才供应链。特别提出的是，个人的能力拓展与进阶已经是大势所趋：一方面，当下已经不是要求"T 型人才"[⊖]，而是要求"钉耙形人才"；另一方面，对于每个能力维度的要求也更高了。举例来说，以前可能要求"用户第一"，现在则要求"穿越前瞻用户需求"。

2. 组织能力建设的标杆

当下，有哪些建设组织能力的标杆实践值得关注？这些企业做对

　⊖　强调既要有专业深耕，又要有专业跨界。

了什么？

陈：在我的研究中，海尔的"人单合一"模式、华为的"财富分享计划"与"权力分享计划"、阿里巴巴的"中台战略"，都值得关注。

海尔的"人单合一"模式，其最大的价值是，让一家大型制造企业拥有了个性化定制能力。在今天互联网所引发的强调客户体验价值的市场当中，一家大型制造企业如何去满足变化和需求，是一个非常迫切需要解决的问题。海尔从组织形式上做出创新，来回应这个变化，并获得了业绩的持续增长。正是海尔在组织上的创新，有效支撑了海尔的"网络化战略""用户乘数""智能互联工厂"等战略目标。

华为的"财富分享计划"与"权力分享计划"，让华为的员工既可以获得绩效的分享，又可以因为授权而激发出极大的满足感和创造力，因此推动了华为事业的发展。华为强调"没有成功，只有成长"，要跟随外部环境进行组织调整与战略变迁。这种调整使得华为的组织管理能更好地从管控型转向服务与支持型，也让职能部门能更好地与一线协同作战。

阿里巴巴的"中台战略"，从本质上来讲，是一种反应更加敏捷高效的组织形态，即以内部小前端去实现与外部多种个性化需求的匹配对接。这样的组织结构调整能够帮助作为前台的一线业务部门更敏捷、更快速地适应瞬息万变的市场。同时，也将集合整个集团的运营数据能力、产品技术能力，对各前台业务形成强力支撑，能够更好地服务顾客。

彭：传统企业我比较推崇华为。华为厉害，厉害在组织能力。任正非伟大，伟大在他打造了一个不完全依赖他个人的伟大组织。这个组织具有"力出一孔，利出一孔"的凝聚力和超强的战略执行力；这个组织能让平凡人做不平凡的事，能让天才的潜能得到超乎想象的极致发挥。

平安集团也不错，这是个很低调的企业，我认为它是非常强的。它有基于数字化的平台，基于平台的生态战略。

美的的改革也值得关注，它推动的改革也卓有成效。何享健时代是完全事业部制，中后台能力不够强，现在通过方洪波主导的"789"组织变革工程，有了平台，打造了强大的中后台，美的又进入了一个全新的高成长阶段。

阿里巴巴还是做得不错的，有组织部，有"政委"体系，强调价值观认同和管理，在互联网企业里是比较强的。彭蕾等第一代"将领"，在阿里巴巴的平台上能成就一番伟业，就是一个证明。

穆： 阿里巴巴组织能力的强大有口皆碑。但有意思的是，那些被阿里巴巴收入麾下的企业，在其管理层被阿里系替换掉之后，好像都在一定程度上失去了竞争力。

彭： 阿里巴巴强调大一统，其实还是要走向百花齐放，容忍文化的多样性。海尔以前可以把文化完全带到被收购的企业去，但现在就不能这样做了，要开始尊重文化的多元性。

陈： 在某种意义上，阿里巴巴自己的组织能力强，但是在构建生态价值网的伙伴关系上，似乎腾讯做得更好一些。

穆： 陈老师提到这点很有意思。在电商领域，腾讯通过生态布局，京东、拼多多、快手已经有点形成围攻反扑的意思。接下来，可能是腾讯与阿里巴巴比拼在生态内的组织能力的时候了。

传统企业中，海尔和华为都是组织能力比较强大的企业，前者是2C，后者是2B，都遵循了这个时代打造组织能力的规律，但又各有特色。

回过来说，阿里巴巴的组织能力还是不错的，主要体现在赋能机制上。其合伙人团队和组织部的标杆实践值得学习，其人才供应链的强大更是毋庸置疑。若非如此，也不可能派出一组组的管理人员进驻到被投资企业的高层了。

我的团队最近正在深度研究美团和字节跳动，其中，美团的组织能力也很突出。美团的组织结构高度灵活，中后台几经分拆和合并，随战略而变。尤其是，美团的人才队伍也在更替，虽有核心人物陆续离开，但美团并没有因此受到太大影响。所以，美团可谓人才供应链的标杆。

另外，"季琦系"[⊖]的几家企业，如携程、如家、华住也是不错的企业，能够连续孵化出高估值的上市公司，这也说明了这个派系的企业在组织能力上有"底气"。

3. 组织能力建设的误区

当下，企业在建设组织能力上是否存在误区？存在这些误区的原因是什么？

陈： 主要有以下几个误区。

其一，组织能力建设要服从企业战略，为创造顾客价值服务，这

⊖ 季琦，华住酒店集团创始人兼董事长，汉庭连锁酒店创始人；携程、如家联合创始人。

点常常被忘记。我们以组织结构为切入点来看，战略所起的作用反映在组织结构上应该可以用"责任"来描述，担负起实现战略的责任，是组织能力建设的根本依据。

其二，将组织能力建设等同于人力资源管理。正确的理解是，组织能力建设包含人力资源管理，但是更需要让人与组织内外资源高效组合。

其三，组织能力建设制度化与形式化。组织能力建设涉及机制与制度建设，也容易导致制度化与形式化的现象出现，过度关注制度文件，只满足于体系建设，而忽略了真实的成效。

其四，组织能力建设是组织内部的事情。这个误区之所以会存在，是因为很多企业在建设组织能力时，常常把这项工作当作管理职能，并交由职能部门来主导。

彭：很多老板认为组织能力建设是别人的事，实际上是他自己的事。组织能力是个人能力被组织放大，那么，个人首先要受到组织的约束，包括老板，再伟大的老板都应该如此。如果能人和老板都不受组织的约束，就没有组织能力。所以，老板不改变"皇权"作风，不自我批判，是不可能建设组织能力的。

穆：所以，我前面说老板往往把组织能力作为一个业绩不佳推卸责任的对象。言下之意，不是我不行，不是我的战略不行，是我的团队不行，组织能力不行。大多数老板还是不愿放下身段。

彭：中国的一些老板喜欢约束别人，而自己不受约束，不受组织约束、不受客户约束、不受政府约束……任正非有时看似霸道，但实际上他很智慧，嘴上可能比较强硬，但他比较愿意接受真理，会自我批判。

陈：我同意两位的意见，打造组织能力的核心，还是要老板自己做出努力。在领导理论中，美国俄亥俄州立大学的一批研究人员发现，总是有两种领导行为凸显出来，它们分别被称为"创立结构"和"关怀体谅"。这两种突出的领导行为，也可以理解为正是打造组织能力所必需的，而且是对领导者提出的要求。

彭：虽然中国的许多企业已经开始认识到组织能力很重要，但大多都是雷声大、雨点小。除了上面说的老板不自我改变，还存在两个突出误区：

一是组织能力建设要投入资源、投入时间，但大多数企业都喜欢短期行为，等不及，希望组织能力能够一夜之间就建立起来。

二是找不到抓手，感觉组织能力什么都包括，又什么都不包括。

穆：我对彭老师提到的这几点很有共鸣。我常常问老板们："你们认为什么是组织能力？"他们喜欢将焦点放到"员工的意愿和能力"上。对于意愿，就是呼唤创业精神，做文化宣贯；对于能力，就是做做培训。做了一段时间，发现没能立竿见影，很快就缩回去了。这样，业绩不佳后，推卸责任说组织能力弱就更有道理了。言下之意，我都为组织能力做这么多事了，还不行，那么就是人不行。

我感觉，他们将组织能力庸俗化、简单化的根本原因，还是在回避思考。很多人为了回避思考，愿意做任何"表演"。至于为什么回避思考，还是不愿意坚持长期主义，不愿意接受组织的约束。

陈：这个部分还有一种需要注意的情形，那就是组织能力建设是一个需要长期投入的工作，既需要老板投入资源，也需要老板投入时间，还需要老板不断超越自我。我们觉得华为的组织能力强，如果仔细去了解华为的成长过程，就会发现，任正非为此所投入的资源和时间、任正非的自我超越，是大部分企业家达不到的。如果企业没有构建好组织能力，老板们可以对照一下任正非，看看自己在投入上的差距。

组织能力建设的实操真经

1. 组织能力建设的规律

不同企业追求的组织能力应该是不同的，这里的规律是什么？

陈：对于企业来说，打造组织能力最根本的原则应该是以顾客为导向，以顾客需求和用户价值为中心，为此，企业要为员工提供服务支持、资源供给、价值评估与愿景激励。所以，虽然不同企业追求的组织能力不同，但有共性的要素：

- ◑ 以顾客为本，并将其嵌入核心价值观中。
- ◑ 组织内外成员的共享机制。
- ◑ 授权与信任的系统。
- ◑ 学习成长的平台。

彭：陈老师说了共性，我来说说差异性。

一是发展阶段不同，组织能力建设的方向就会有不同。创业成长阶段，主要是团队建设；机会成长阶段，主要是市场能力建设；系统成长阶段，主要是中后台能力的建设；分蘖⊖成长阶段，主要是新

⊖ 禾本科等植物在地面以下或接近地面处的茎基部所发生分枝。

事业的发展，需要中后台赋能和企业家团队；整合成长阶段，主要靠资本的力量，兼并收购，进行产业整合，所以需要新的战略洞察能力。

二是产业竞争要点不同，组织能力建设的方向就会有不同。要取得竞争优势，制造企业必须有产品技术创新，但有的企业是靠供应链管理。

三是企业家的领导风格不同，组织能力建设的方向就会有不同。有的老板喜欢民主一点，有的老板喜欢专权。其实都没有错，只不过建设的节奏、技术路线不同而已。

穆： 陈老师说了共性，彭老师说了差异性，我都很认同。这里，我想谈谈在组织能力建设的应用场景里的规律。

一是谈谈顺序。企业要建设组织能力，必须先明确组织价值观，再形成组织规则，进而累积组织知识，不能"下跳棋"。在组织规则里，先调整组织机构，再调整激励机制，同样不能"下跳棋"。这个顺序千万记住，一个也不能乱，这是我在辅导企业中累积的"带血的经验"。[○]做了组织知识的沉淀，组织能力可以脱离个人能力而存在，基本可以确保良将如潮。好多企业认为组织能力不行，一上来就做带教，跳过了上面全部的步骤，那是典型的头痛医头、脚痛医脚。

○ 穆胜博士在自己的《重构平台型组织》一书中，提出了另一种组织转型的"保守疗法"，即先改赋能机制，再改激励机制，最后再改组织结构。他认为，对于业绩尚好但又不愿意错过趋势、想要组织转型的企业来说，采用这种方式是比较实际的。这里从组织结构到激励机制的顺序，实际上针对的是那些有更迫切转型诉求的企业。

二是谈谈方向。按照上面的顺序，企业会找到组织能力的不同方向。就像彭老师说的，因为竞争要点不同，所以组织能力有很多具体方向，但我更喜欢先把组织能力进行大类划分，再谈具体方向。与迈克尔·波特[⊖]的低成本和差异化两种战略一样，企业的组织能力也有两种：一种是标准化的组织能力，比如连锁开店标准化服务的能力，以规模化来降低成本；另一种是创意型的组织能力，创新、创造的能力是以企业的创意来获得高溢价的。当然，有的企业是混合型的——局部创意，局部标准化。选择组织能力方向的问题，其实是在考问企业的商业模式和战略的问题。商业模式和战略不明确，组织能力建设会事倍功半。保守估计，中国 90% 的企业都没想清楚自己的商业模式和战略。

陈：探讨企业建设组织能力的规律，的确是一个具有挑战性的话题，我们分别以三个视角来思考。如果还需要说明的话，那就是企业的组织能力建设过程是一个自我造就的过程，需要在理解这些规律性认识的基础上，找到自己的成长之路。它无法采用拿来主义，也无法依赖学习，而是要自己创造性地探索。

2. 组织能力建设的锦囊

在互联网时代，组织能力会是企业决胜的关键吗？有什么要提醒企业和企业家的？

陈：数字经济的飞速发展，让一些企业受到了巨大的冲击和挑战。

⊖ 迈克尔·波特（Michael Porter），哈佛商学院教授，是商业管理界公认的"竞争战略之父"。

企业所面临的环境，的确发生了根本性改变，如虚实结合的世界、无限游戏的规则、进化的认知模式以及完全不同的基本世界观。简言之，以过去的认知无法走到未来，只有学习者才能掌握未来，从这个意义上而言，组织能力会是企业决胜的关键。

第一，企业已有的能力决定了它的局限性，所以企业要持续学习，不断超越现有的能力。

第二，驾驭不确定性，依靠的是组织成员持续的创造力。

第三，"改变"是组织最大的资产。

彭：在互联网时代，企业要发展，一是靠商业模式创新，二是靠组织能力建设，两者缺一不可。现在的时代，经营模式发生了不小的变化：过去经营产品，现在经营用户；过去经营市场，现在经营数据，所以需要算力、算法、数据；过去经营企业，现在经营生态。

因此，企业家及高层团队要注意以下几点：

首先，要进行认知与思维革命，要对企业的发展进行新一轮的顶层设计与战略思维重构。

其次，要加大组织变革与人才机制创新，尤其要抓干部队伍的使命、责任与能力建设。

最后，要打造新的组织能力，对人才、技术、管理、数字化等软性组织要素要舍得投入、长期投入。

组织能力是结构性的质量提升，是一个长期积累的过程。过去是"机会主义＋企业家精神"的时代，未来是"企业家＋组织能力"的时代。

穆：时代的变化就像起风，你可以看不见，但风还是会起的。在"四面起风"又"四面漏风"的时代，企业和企业家既面临大机会，也面临大挑战，组织能力是决胜的关键，但前提是想清楚自己的商业模式和战略。

企业就是企业家认识的映射，给企业家三点建议。

一是放下自我，不要"油腻"。不要认为自己无所不能，遇到问题都是团队的问题。不要以为自己的能力就是组织能力，要认识到去打造系统。

二是想清楚商业模式和战略，不要左右摇摆。如果方向都不清楚，再强的组织也没法产出高绩效，组织能力就成了镜花水月，成了背锅者。模式清晰、战略明确，就可以在业务上聚焦关键，饱和攻击[⊖]，也就能在组织能力建设上饱和攻击。

三是找一个抓手、练一种武功，不要陷入"思维黑域"[⊜]。商业模式和战略定了，做 OKR、做流程再造、做 KPI 考核、做平台型组织……都可以，选一种干到底，不要四处游学、朝三暮四。

⊖ "饱和攻击"，是在美苏争霸时期，苏联海军总司令戈尔什科夫元帅研究使用反舰导弹打击美国海军航母战斗群时制定的一种战术，即利用水面舰艇、潜艇和作战飞机等携载反舰导弹，采用大密度、连续攻击的突防方式，同时在短时间内，从空中、水面和水下不同方向、不同层次向同一个目标发射超出其抗打击能力的导弹，使敌军航母编队的海上防空系统的反导弹抗击能力在短时间内处于无法应付的饱和状态，以达到提高反舰导弹突防概率和摧毁目标的目的。这里比喻将资源集中到一个细分业务，形成快速的突破和引爆。

⊜ 源自雨果奖获得者刘慈欣的科幻小说《三体》，指一种低光速黑洞，任何物质都无法逃离。这里形容老板的思维陷入混乱，越来越理不清头绪。

认知
浓缩

在数字时代，企业面临复杂的商业环境，如何快速整合不同的资源以面对不确定性，成为企业当前面临的核心课题，这也就是如何打造组织能力的问题。在这个时代，打造组织能力，既是进攻，也是防守。

在企业快速成长的过程中，最大的困境是组织的困境。这不仅产生了官僚主义等企业慢性病，还直接造成了抓不住新的发展机遇、战略总是落不了地的损失。面对这样的状态，大多数企业只能依赖老板的能力支撑发展，它们显然没有形成一种组织（层面的）能力。这在中国几乎是普遍现象。对于组织管理长期的忽视，造成了中国企业大多组织能力薄弱的现状。

对于组织能力的定义，当前还未形成共识。但可以形成共识的是，组织能力是通过组织系统将个人能力转化而成的集体能力，拥有更强组织能力的企业，能够在同样的资源投入下获得更好的结果，产生更高的效率。组织能力能让平凡人做非凡事，让非凡人做超凡事，能够为个人价值的创造增量，这也是个人离不开组织的原因。组织能力建设是个长期工程，只有一少部分企业家愿意成为长期主义者，剩下的大多数人习惯于将组织能力"油腻化"。

在工业经济时代，组织能力与业绩之间可能还没有完全强相关。但是，在外部环境变得越来越动荡的数字时代，业绩会更加依赖组织能力。时代决定了什么是核心的生产要素。过去企业依赖土地、资金、技术获得发展，现在必须依赖人的协同，组织能力的重要性不言而喻。

衡量一个企业的组织能力可以从多个维度进行：一是从各方获益的角度（陈春花），如企业业绩的维度、顾客价值创造的维度、企业经营绩效的维度、员工成长的维度、合作伙伴价值创造的维度；二是从效果的维度（彭剑锋），如能不能抓住机会、能不能放大员工能力、能不能为老板减负、能不能不受制于能人、能不能保持创新等；三是从效能数据的维度（穆胜），即资源的投产比，主要看财务效能和人力资源效能如何。

组织能力是组织模式和个体能力交互的结果，其中，关键在于什么样的组织模式可以激活员工，组织模式创新本身就是组织能力的重构。考虑到"平台 + 自主经营体 + 超级个体"这类平台型组织成为主流模式，组织能力的打造会走向完全不同于传统模式的方向。从本质上看，无非是改造员工的责、权、利、能四种状态。

华为、海尔、平安、美的等企业在打造组织能力方面可以算得上是中国企业的标杆，它们的共同点是将组织能力的建设重点放在平台上，甚至通过将平台数字化来更好地沉淀组织能力，以平台来加持员工。腾讯和阿里巴巴这两个典型的互联网生态企业，在建设生态内的组织能力时走向了不同的方向，阿里巴巴强调大一统，腾讯强调多样性。从目前来看，腾讯的组织能力似乎对生态更加友好。

大多数企业在建设组织能力上走入了误区，它们将组织能力建设作为一项职能，认为是别人的事。而在具体方向上，它们既没有耐心，又找不到抓手，简单尝试之后草草收手是大概率事件。但事实上，要建设组织能力，企业家自己首先就应该受到组织约束，改变"皇权"作风，并且要有高超的组织认知找到切入点，还要坚持长期主义。大部分企业家将组织能力庸俗化、简单化的根本原因，是回避思考。很多人为了回避思考，愿意做任何"表演"。

建设组织能力，要坚持以顾客为导向，以顾客价值为中心，这是一切的原点。根据企业发展阶段、竞争要点、企业家风格的不同，组织能力建设有不同的方向。组织能力分两大类，一是标准化的组织能力，二是创意化的组织能力，两者都能造就成功的企业。往哪个方向上建设组织能力，关键在于企业的战略选择。在具体的手段上，调整组织结构、激励机制和赋能机制这三类与组织模式相关的要素，依然是建设组织能力的最佳抓手。

过去是"机会主义＋企业家精神"的时代，未来是"企业家精神＋组织能力"的时代。企业家首先要自我迭代、更新认知，而后要在明确商业模式和战略的前提下，付诸组织能力建设的长期主义行动，要找一个抓手、练一种武功，切忌四处游学、朝三暮四。

CHAPTER 3 ◀ 第 3 章

数字化转型

　　数字化是企业的"器"，是新组织的超级变量之一。所谓"超级变量"，是指那些可能对组织逻辑产生根本性颠覆的变量。

　　按照这个标准，数字化显然应该是一个超级变量，因为，不加载数字化的"重器"，企业不可能在数字时代生存，而加载数字化的"重器"，企业的组织建设方向可能完全不同于传统。

　　2021 年，数字化转型的热度被推上顶点，也成为大多数企业的标配。数字化给商业社会带来的影响似乎不亚于前一波互联网浪潮，但相比趋势的如火如荼，数字化转型成果显著的企业仍是少数。至少，这波浪潮没有互联网热潮袭来时席卷行业的摧枯拉朽之势。

　　企业的数字化转型之路之所以并不平坦，原因林林总总，但诸多"不顺"背后，似乎都与认知相关。数字化并非唾手可得的"利器"，而更像需要极致修炼的"神功"。用"捡利器"的心态去"练神功"，后果可想而知。

即使有企业意识到数字化之旅的艰辛，它们的发力似乎也找错了方向，对于 IT 系统本身的执着可能恰恰就是个陷阱。IT 的"神功"再神，似乎也很难穿越一堵隐性的"墙"——组织。换句话说，它们没有意识到数字化应该是一个影响组织的超级变量，而是油水分离地理解 IT 与组织。可以说，它们在 IT 领域的无限热情，被组织上的故步自封"锁住了"。

于是，我们忍不住要追问一系列底层问题——数字化转型究竟是什么？数字化转型和组织转型的关系又是什么？在应接不暇的观点中，我们需要慧眼来去伪存真，直达本质。

大势所趋中的"急功近利"

1. 数字化转型热潮

当前，数字化转型已经成为大势所趋，这种转型也必然是成本巨大的动作。是因为什么原因让企业管理者选择了数字化转型？他们的认知正确吗？

陈春花（以下简称"陈"）：企业管理者选择数字化转型的原因主要有以下几个：第一，在很多企业管理者看来，数字化已经是企业发展的必选项，也是驱动企业成长的关键所在；第二，数字化可以帮助企业直接触达顾客，真正理解顾客并与顾客共创价值；第三，数字化能够重构产业价值或者企业价值网络，帮助企业与生态伙伴展开创智行动；第四，数字技术可以帮助企业重构自身的价值，并获得组织效能的提升；第五，数字化本身也是新生代员工的需求。

企业管理者对数字化的认知是正确的。企业之所以要开展数字化转型，首先是因为顾客端的变化。当人们已经习惯了数字化的生活方式，个体成为数字个体的时候，企业必须跟上这种变化。同时，数字技术正在重塑产业、再造行业，如果企业不能够完成数字化转型，也就无法跟上产业发展的步伐，无法获得行业新机遇，更有可能因此被淘汰。从某种意义上说，数字化在今天是基本功，拥有数字化能力是企业的基础能力。

彭剑锋（以下简称"彭"）：陈老师讲得很全面。中国经济发展到今天，正进入下半场。上半场主要是追求规模成长，下半场则要追求高质量成长。如何抓住下半场的机遇，实现高质量发展？我认为就是五句话——上科技高山、下数字蓝海、聚天下英才、与资本共舞、做三好企业，也就是"好人品、好产品、好组织"。

我将数字化视为未来中国经济的战略增长点。这是一片蓝海，是社会经济发展大势，是有洞察力的企业家与企业必然的战略选择。我认为，未来中国数字化的主战场是产业数字化，要加快数字化对传统企业的渗透，加速传统企业的数字化转型升级，使传统企业不传统，让它们通过对互联网技术的综合应用，实现线上与线下高度融合，软硬结合，人、机、物三元交互。这样才能真正打通生产者与消费者的关系，提升客户一体化体验，提升产业与企业的系统效能。

穆胜（以下简称"穆"）：陈老师谈到了需求侧的"用户数字化"是企业数字化转型的首要驱动因素，这一点我很认同。事实上，在投身于数字化转型的企业中，有很大一部分最初是希望能够入网获得流量红利，它们关注的领域是"数字营销"。这种想法很自然，但多半都会碰壁。一是因为吃数字时代的几波流量红利后，流量开始被洗牌到各个端口，也开始贵了起来，红利消失殆尽了；二是因为入网会考验企业的供给能力，让其内外部供应链的脆弱之处暴露无遗。

真正的数字化红利不应该是流量红利，而是两位老师都提到的"企业数字化"和"产业数字化"的红利，说白了就是数字化管理、工业数字化（数字孪生、工业 4.0）等领域的红利。这可不是加载一个营销界面就能出效果的事，而是要打通供需两侧，实现整体提效，这一定需要企业进行长期的投资。彭老师觉得这是蓝海，我很认同，但这种需要长期主义的蓝海，有多少企业会坚持呢？我不太乐观。总之，在数字化转型的浪潮中，跟风的和清醒的企业都有，但后者是少数，它们会更早实现数字化，会是赢者通吃的行业引领者。

2. 数字化转型热点

这些企业的数字化转型是从什么方向（如数字营销、工业大数据、数字化管理）切入的？结果如何？

陈：大部分企业的数字化转型都会从业务端切入，然后再把"端到端"[⊖]的全价值链拉通，并获得共生价值，从而完成企业的数字化转型。也有一部分企业从流程再造入手，通过流程驱动组织的整体数字化转型。

⊖ 来自华为的术语，即从客户端获得需求，再组织资源回到客户端，中间尽可能没有损耗。

　　这些企业的实践，以业务数字化作为切入口，不仅是数字营销，还包含了与业务相关的各个部分。它们会组合数字营销、工业大数据，把线上与线下的业务场景打通，运用数字技术赋能合作伙伴，形成全价值链的价值共生，并借助技术平台，全面赋能组织流程与组织成员的价值活动。这些举措会实现以"顾客价值为中心"，形成"端到端"的管理重构，释放全价值链的协同效率。

　　彭：的确如此。企业的数字化转型往往是从企业的业务与运营体系入手的，实现从消费者需求到生产者供给的"端对端"的拉通连接，再延伸到产业生态的连接共生，这是一个系统工程。

　　数字化本质上是一场认知与思维革命，是一场脱胎换骨的系统变革与能力升级。数字化转型升级需要生态化的战略思维、客户化的组织与流程、赋能式的领导方式，涉及企业的战略、组织、人才机制的系统变革与创新。

　　目前，一些企业数字化转型升级还是执行乏力，效果不佳。这有几个主要原因：一是将数字化作为一种投机而非长期战略，急功近利，准备不足；二是企业家和高层对数字化转型升级没真想明白、想透，高层没有数字化共识，没有澄清数字化愿景，没有基于数字化的顶层设计；三是数字化的管理地基不牢，领导团队知识老化，数字化意识与洞察力缺失。一遇到问题就往回走，不愿持续推进与投入。

　　穆：的确，这一项系统工程的难度是"地狱级"的。最初，大家都图快，想做数字营销，后来发现，仅做数字营销不靠谱，需求侧拉着供给侧也要数字化。最初，大家觉得是 IT 问题，而后牵出了战略、流程、组织、人才等一系列问题。于是，数字化转型成了系统工程，自然，很少有企业能够轻松驾驭。

彭老师找了企业数字化转型失败的底层原因，这很有道理。但我更希望找到一个关键的堵点，打通这个点，数字化转型就能迎刃而解，或者说，从这个点来切入，更能事半功倍。在我的视野范围内，这个堵点应该是"数字化管理"，大多企业在需求侧抓数字营销，在供给侧抓产业数字化，但要将产业的供给用于满足用户需求，必须有企业作为枢纽。如果两头都是数字化的，而企业的管理却不是数字化的，那么"端到端"的逻辑就走不通。

要企业掌舵，也要咨询助力

1. 硬件公司软件化

有种说法是，数字化转型走到深处的企业，都想把自己做成一个软件公司。显然，一般企业和软件公司的基因不同，那么，这是正确的道路还是"走火入魔"？

陈：硬件公司软件化，我不完全同意这个说法。其实，随着数字技术的深入，未来每一家企业都将成为一家软件公司，每一项业务都将成为数字化业务。从这个意义上说，数字化转型走到深处的企业，率先把自己发展成一家软件公司，说明这些企业已经完成了全方位变革，并让自己有了开放、连接、协同共生的能力。

我记得曾看过一篇文章，题目是《为什么软件正在吞噬整个世界》，它给了我很大的启发。其中心思想是，如果流程可以通过软件来实现，那么就一定能实现。这也是当前更广泛的技术趋势背后的逻辑，包括机器学习、物联网、无处不在的 SaaS 以及云计算，都是这个逻辑的应用。更重要的是，越来越多的企业通过软件重新定义了自己。当数字化成为一家企业的基本形态，企业的基因也会因此有了新的内涵。

彭：产业互联网时代，是科技与互联网技术的综合应用，是人、机、物的三元融合。未来没有绝对的软件公司，也没有绝对的硬件公司，所有公司都应该软硬结合，软中有硬、硬中有软。

陈老师认为数字化改变了企业的基因，这个我不反对。但我认为，在一个产业生态中，软件公司和硬件公司是跨界融合的，但产业的本质还是产业，是硬碰硬的产品与服务。虽然要基于大数据进行决策，但绝不否定企业家的创新精神与独特的洞察力。企业要有算力、算法，但算力、算法也要有温度，也要体现人文关怀，否则人就会被数据绑架，大数据就会作恶。

穆：两位老师的观点其实并不冲突。陈老师认为，未来每一家企业都将成为软件公司。2017 年，我随海尔张瑞敏先生在纽约与时任通用电气 CEO 的杰夫·伊梅尔特进行了交流，他告诉我们自己正在将通用电气由一家硬件公司变成一家软件公司，这与陈老师的判断一致。当然，随后他就离任了，通用电气现在也陷入了一点麻烦。但我们绝不能否认杰夫的战略眼光，通用电气的 Predix 系统⊖至今都被认为是前瞻性的布局。彭老师认为，数字化应该围绕产业的本质进行，更应该有人文温度。这个我举双手赞成，数字化应该为产业做"增量"，而不是吸产业的"存量"。当前某些互联网大厂受到反垄断规制，其实

⊖ 通用电气打造的开放式物联网操作系统，为工业制造甚至更广的物联网提供了底层系统，相当于手机上的安卓或 iOS。另一个与 Predix 齐名的是西门子的 Mindsphere 系统。

就是商业规律的反噬。

其实，反对企业走向软件公司的，正是某些软件公司或周边服务商。这是商业利益的站位，不是学术判断。举个例子，电商兴起时，淘宝告诉你，流量不用担心，它会给，但企业最后还是要建立自己的私域流量，因为淘宝的流量不是免费的，还越来越贵。传统企业没有数字化能力，这个不假，但它们可以借船出海，再宾主互换，也许会失败，但这是"难而正确的事"。服务商心态要好，要成就而不能挟持企业的转型，要追求共赢，而不要只想独美。

2. 数字化转型的死胡同

一般企业想要成为软件公司的"走火入魔"实际上代表了一种趋势——大多企业将数字化转型看成做一个 IT 系统，例如，它们大多想要做一个业务中台或数据中台，但它们的 IT 部门即使有外部咨询机构赋能，也很难撼动自己企业传统的运作模式。这种尴尬为什么会出现？如何破解？

陈：如果把数字化转型看成做 IT 系统，这本身就已经错了，IT系统不是数字化系统。我们可以把 IT 系统理解为信息系统，信息系统与数据系统，信息化与数字化，它们之间存在本质差异。如果不能理解这一点，那就难免会出现上述尴尬。

穆：IT 是信息技术（Information Technology），可以被视为企业的武器，让企业活得更好，它可以由 IT 部门来承接打造；DT 是数字技术（Date Technology），应该被视为企业的一部分，是企业生存的必需，自然需要由整个公司协同来构建。

陈：我曾经在数字化转型的企业调研中，发现一个有意思的现象：那些让数字化转型业务从属于 IT 部门的企业，较之数字化转型业务相对独立开展的企业而言，效果会差一些。这也说明，数字化转型需要从业务切入，赋能业务，而不是建立一个数据中台。

彭：的确如此。我也发现，不少企业的数字化转型仅仅成为 IT 部门或首席信息官的独角戏，数字化部门位势低，资源不到位，数字化与经营两张皮，各弹各的曲、各唱各的戏，难以实现数字技术与经营的融合。

前面我已经谈到，数字化转型升级是一个系统工程，是涉及企业战略、业务、流程、组织、人才的一场系统变革。显然，我们不应该将数字化转型看成做一个 IT 系统，更不能由 IT 系统的技术逻辑来主导变革，这会让转型掉入"数字化工具陷阱"，难以产生成效。

转型升级的发动机不是信息部门，而是企业家和高层领导。推动转型升级不仅是首席信息官的责任，更是企业家与全体管理者的责任。没有企业家亲自去推动数字化转型升级，就不能提升数字化部门在组织中的位势与人才量级，数字化转型升级就难以完成。

穆：我基本认同两位老师的观点，但有一点需要明确：根据我的研究，打造业务中台和数据中台的确是数字化转型的主要战场，但这并不是仅仅依靠 IT 部门或数字化部门就能实现的。业务中台和数据中台，不仅是数字化工具（DT 工具），更是组织布局。除了企业家带头，管理者也要上下一心，更要有组织上的精巧设计，也就是我一直主张的"平台型组织"。我甚至认为，没有转为平台型组织的企业，难以实现彻底的数字化。

不少企业成立了数字化转型委员会，老板和高管都是其成员，但转型还是难以推动。这就是因为它们的组织没有变，员工的责权利没有动，部门还是本位主义，它们有什么动机去分享数据、回应用户、协同作战呢？

陈：设立数字化转型委员会，在组织保障上做出安排，这是必要的。但是，如果这个委员会依然按照传统组织分工的习惯设立，仅仅作为一个所谓的"领导小组"，而不是真正的"工作小组"，没有明确的责任目标以及行动方案，那么这个委员会就无法真正发挥作用。所以，关键是，它不是"委员会"，而是一个真正承担责任的组织设置。

彭：数字化转型升级作为一场深层的系统变革，自然需要组织上的保障，如设立数字化转型委员会、数字化推进与变革领导小组。老板和高层都参与进来，这是必要的，但不是最重要的。最重要的是高层要进行基于数字化的认知与思维革命，要有数字化转型的责任与担当，要提出数字化的愿景与目标，要有可操作的执行方案，要有基于数字化的业务流程和组织变革，要进行责、权、利、能等人才机制与制度的变革与创新。

穆：说到底，只要沾上"变革""改革""转型"字样的事，都是一把手工程，最根本的动力还是来自企业家的认知。他们看得到终局，就会一步步地将自己眼中的终局铺排为具体任务，且认为过程中的辛苦都值得；他们看不到终局，则每走一步都会质疑是不是浪费了时间和成本，怎么还没出效果。变革中犹豫不决的一把手，本质上都是认知不足。

3. 咨询如何助力数字化转型

不少咨询公司目前都入局了数字化转型，企业为此支付了大量的成本。但也有不少企业反馈，在咨询公司辅导的数字化转型项目中，企业其实并没有得到什么。如此看来，企业是否需要自己探索数字化转型之路？咨询公司的作用又应该体现在什么地方？

彭：数字化转型升级既要企业家和高层领导的推动，又要借力外脑的推动。因此，国内外咨询公司都在布局这块新业务，都想从这块大蛋糕中切一块。

我认为，企业的数字化转型还是需要咨询公司提供专业服务的。咨询公司的作用主要是帮助企业进行基于数字化的顶层设计，帮助企业制定数字化战略规划，帮助企业以客户为中心拉通组织与流程，进行基于数字化的流程再造、组织变革与人才机制创新，帮助企业推动观念变革、思维转型、领导力提升。

穆：彭老师对咨询公司在数字化转型中的定位是比较准确的。大多数企业的心态是，找个数字化转型的全包商，帮它们把所有的都做了——从方案到落地。但是，希望越大，失望也就越大。再大的咨询公司，也不可能完成这样一个系统工程。如果这些咨询公司真的可以做到，它们就应该在一二级市场上大量吃进这些客户公司的股份，等到转型完成再抛售套利，这样赚钱多轻松呀！

当然，企业之所以产生不切实际的期望，也和一些服务商的过度承诺有关系。以前，就有服务商承诺有通用产品，可以帮企业建立业务中台，但后来企业发现通用产品根本无法适配个性化需求。后来，服务商退到只做数据中台，但依然说自己有通用产品，最后仍然是满地鸡毛。以数据中台为例，这肯定不应该是个产品，而应该是个解决方案。服务商应该拥有一个方法论，但必须将这种方法论导入企业，基于企业所能够提取的数据，对数据进行加工，并对数据流转机制进行设计后，才能形成企业自己的数据中台。

彭：是存在不少乱象，但我们更要看到机会。工业经济时代，中国咨询公司在专业能力与系统服务上与国外咨询公司差距很大。但在数字化转型升级上，中国企业在应用层面与世界同步，甚至局部领先。因此，中国咨询公司在企业数字化转型升级这一全新领域，从理念到系统解决方案都并不落后，掌握的数字化转型升级的实践案例比国外咨询公司还多，更接中国企业的地气。对此，我很有自信，在数字化转型升级这一历史性发展机遇面前，中国本土咨询业能实现新的战略成长。

陈：我同意两位老师的意见。的确，在数字化转型的过程中，需要外部的专业力量来提供专业服务。我同意彭老师说的，在数字化转型咨询服务中，中国本土咨询公司更有优势。在这一领域，中国企业实践本身走得比较靠前，在一些行业甚至局部领先，这也给中国本土咨询公司提供了实践的基础。但是，如果要做好这部分的专业服务，同样需要本土咨询公司自己率先进行数字化转型，并借助领先的数字化企业积累的实践案例，将所提供服务上升到工具、技术以及解决方案上。这要求本土咨询公司自己有更强、更快的学习能力以及转化能力。

既是 IT 工具，更是组织布局

1. 是数字化转型，还是组织转型

数字化转型和组织转型有什么关系？数字化转型能否穿透组织，带来组织转型？组织转型能否释放企业对于数据的渴望，推动数字化转型？实践中，应该以哪个转型为主呢？

陈：数字化转型首先是业务转型，然后会需要组织转型来支撑。数字化转型一定是业务系统的全价值链转型，而体现在组织系统中，就是实现管理重构，即企业的组织转型。在我所观察的企业中，数字化转型能够穿透组织，带来组织转型，或者说数字化转型一定伴随着组织转型。在实践中，数字化转型以业务转型为主。

美的独特的全价值链"端到端"数字化转型，具体就是要实现数字化基础上的消费端带动生产端，产品、订单两条价值链拉通的"端到端"管理重构。美的先借助数字化为业务系统赋能，随后完成数字化的智能制造，之后开始转型赋能供应链和渠道，最后完成"端到端"的全价值链协同共生。也就是，产品生产是从客户下订单提出消费需求开始的，而非仅仅由工厂进行生产开启，实现了以"需求"来拉动"生产"的巨大转变。

美的首席信息官张小懿指出："美的数字化转型脉络非常清晰——以数字化连接研发、计划、制造、采购、品质、物流、客服等全价值链各个环节，打通制造与生活的接合点，实现全价值链'端到端'的全面协同，将制造与生活推向新的高度。"

穆：其实，陈老师提到的美的案例，应该是业务转型与组织转型

同步进行的，或者说，应该是业务的数字化转型引领组织转型，组织转型落地业务的数字化转型。因为我很难想象，业务系统变了，组织系统却不变。尤其是，用数字化连接如此多的职能，这几乎改变了组织原来的条块化运作方式，一定是一种新的组织模式。所以，数字化和组织转型之间不是谁主谁辅的问题，而是相互依存的鱼水关系。

我还是要强调前面的观点，这种组织转型并不是随着业务系统进行简单调整，而是由金字塔组织向平台型组织转型。数字化转型要实现的组织敏捷、柔性，只能通过组织转型来实现。

彭：同意。数字化转型升级需要顶层设计、系统思维、整体推进。自然，企业的数字化战略需要组织支撑，没有组织相应的转型与变革，是不可能实现数字化转型升级的。企业在数字化转型的同时，应该思考一系列"组织问题"：如何从金字塔式的科层结构转向客户化、流程化、扁平化的网状结构？组织如何去中介化、去权威化、去中心化？如何打造敏捷、高效、灵活的组织？如何让组织方向正确，始终充满活力？

陈：没有一个组织系统是脱离企业战略与业务的，同样，数字化转型本身也需要企业确定数字化战略，并设计出相应的业务模式以及组织支撑模式。具体到一个企业，组织模式会有不同特征，但敏捷性、灵活性、协同性是它们的共性，也就是我所说的"水一样的组织"。

2. 数字化转型与中台建设

现在比较公认的说法是，要将企业的能力共享，就需要建中台，而中台是企业数字化转型的战略要地。中台究竟是什么？企业应该如何建中台？

彭：未来的组织变革方向与主流的组织模式是"平台 + 自主经营体（项目）+ 生态"。中台作为组织平台的重要表现形态，毫无疑问是一个战略要地。组织要构建三大能力：核心资源集中配置能力（包括人才、技术、资本、公共关系等）、专业赋能能力、风险控制能力。没有基于数字化的强大中台，这些能力是难以培育出来并实现组织共享的。一线要呼唤炮火，总部平台就要聚集资源，能够为一线赋能，从而提高一线的集成作战能力。

穆：对。中台，实际上就是企业实现能力共享的模块。一方面，这应该是一个组织模块，英文翻译是 middle office；另一方面，这应该是一个数字化系统模块，英文翻译是 middle platform。

具体形式上，应该有业务中台和数据中台，前者实现各个职能条线的能力共享，它是组织设计的一般操作；后者通过数据化、算法化来实现这种能力共享的效果，它是数字时代的红利所在。之所以把中台称为"战略要地"，是因为这有点像杠杆解[⊖]，做好了中台，数字化转型也就能迎刃而解的意思。

陈：同意两位老师的意见。从某种意义上，中台可以被理解为组织共享能力的集散地，也是前后台以及部门之间协同的基础。在传统组织中，内部管理最困难的就是前后台协同和部门之间的协同。如果没有它们的协同效率，就无法真正获得组织的系统效率。如果没有协同，也无法真正实现后台对前台的赋能。

⊖ 非直接的、消耗的资源小的，但是最终的结果是决定性的，这种解决方案叫杠杆解。通俗来说，就是四两拨千斤的解决方案。

3. 建中台，还是拆中台

中台建设的目的是为前台提供共享的能力，但标准化的能力往往与前台的需求存在一定的距离。这就出现了有段时间说阿里巴巴在"建中台"，有段时间又说它在"拆中台"的消息。标准化的能力输出与市场的复杂环境之间显然存在矛盾，如何解决？

穆： 阿里巴巴一直被认为是中台建设的标杆，也是最早喊出建中台口号的企业。但在有段时间，它被传出在拆中台，这直接动摇了很多中台用户的信心。我也可以再给出一个案例。2021 年，字节跳动开始拆掉原有的"大中台 - 小前台"，将业务归类重组，采用 BU 制[⊖]。

彭： 后台标准化与前端个性化需求的矛盾永远存在，还是要依据平台的大数据、算力、算法来解决。阿里巴巴和字节跳动所谓的"拆中台"，都是在这种矛盾下的调整。但我相信，这类互联网公司不会放弃通过大数据、算力、算法来解决问题的原则。

穆： 对，这已是它们的基因。业务中台和数据中台也被合称为"数字中台"，这有点像是转化器，基于前台的作战需求、高效匹配后台的资源和规则，调节矛盾。它们看似在拆中台，实际上只是把"大中台"部分拆掉并前置，建立了匹配 BU 的"小中台"。以字节跳动为例，它在拆掉大中台的同时，也细化出来一些"个性化中台"，比如抖音设立的相机中台、直播中台和市场中台等。这个中台建立，那个中台消失，其实都不重要，都是基于不同阶段业务的调整，但业务中台和数据中台的逻辑是不会变的。

⊖ BU（Business Unit）指的是业务单元，BU 制是指将每一个 BU 独立核算成本，用以考虑每一个 BU 的贡献率及成本消耗情况。

陈：对于这个问题，我想可以从另外一个视角来理解。无论是"建中台"，还是"拆中台"，其核心都是回归到组织的基本功能，那就是服务于企业的战略与业务。如果我们能够深入去理解一家企业的业务逻辑，以及业务与战略的发展脉络，就可以理解组织被调整的根本原因。

穆：当然，组织永远跟随战略，但反过来组织也可以影响战略。

天使已降临，魔鬼在心中

1. 数字化会击穿专业职能吗

数字化转型似乎是天使，为企业带来效率和更多的可能性；数字化转型似乎也是魔鬼，让不少专业都失去了生存空间。万科财务部门的虚拟员工"崔筱盼"拿下了 2021 年万科总部最佳新人奖，据说，她催办的预付应收逾期单据核销率高达 91.44%。这意味着，数字化转型已经渗透到我们的传统专业。未来，财务、人力、法务甚至生产、采购、研发等职能会被彻底击穿吗？对此应该悲观还是乐观？

陈：我对数字化转型是持积极态度的，并鼓励和支持企业的数字化转型。数字化的根本价值在于赋能每个人，所以数字化不是给人们带来挑战，而是带来新的可能性。只要我们真正提升自己的学习力和创造力，借助数字技术，就会有很多创新与创造的价值释放出来，所以我对此很乐观，并乐见其成。

穆：我赞成陈老师的积极态度，同时也要给实践者吹吹冷风。数字化转型，首先冲击的是业务部门，随后马上会冲击职能体系。

企业的生意，其实就是追求业务流、人才流和资金流的三流一致，即根据业务流的推进来配置人才流和资金流。那么，这种配置原则是什么呢？如果人力部门和财务部门拿不出自己的专业认知，数字化部门就可能用数据逻辑来洞穿专业。同样，在业务体系里，如果某个环节缺乏专业度，数据逻辑一定能够总结出更好的专业规律，并且完成对于人的替代。

《三体》里面有句话："毁灭你，与你何干？"现实可能就是这么残酷，企业内的大量职能人员可能并没有那么专业，他们在数字化转型的"强光"下，都会现原形。反过来说，真正专业的人，他们能够驾驭数据和算法，如陈老师所说的，释放出自己创新和创造的价值。

彭：对数字化的未来前景，我是持乐观态度的。首先，虽然目前数字化转型升级的成功率低、推进困难，但作为一个大趋势，企业必须顺势而为。这就像当年企业引进ERP，有个说法是"引进ERP找死，不引进ERP等死"。甚至，刚开始推行ERP的效果都不好，有些企业还成了先烈，但趋势还是一步步变为了现实。

同时，从数字化到数智化，对传统职能部门的工作与技能的替代是必然的，但数智化底层逻辑的设计还是人，数字化最终还是服务于人，人还是起决定作用的。机器人再聪明，永远比不上人类的创新精神和企业家精神，永远比不上人对不确定环境的灵活应对与自适应。

当然，数字化是把双刃剑，用好了，是天使，用不好，是魔鬼。这是我一直比较警惕的。

陈：的确如两位老师所说的那样，事实上，数字化真正起作用的还是人。我们不担心机器像人一样思考，而是担心人像机器一样思考，这也是我持乐观态度的主要原因。

穆：如果数字化是趋势，那么人性就是驾驭这种趋势的关键。人性中的"创造力"和"向善之美"，是拥抱数字时代的两个最大筹码。

2. 数字化转型的三个密钥

如果数字化转型趋势不可逆，那么我们应该关心数字化转型的哪三个成功要素呢？

陈：一是从业务切入。我们探讨数字化转型，并不是为了数字化而数字化，其核心还是要为顾客创造价值。对于企业而言，为顾客创造价值，直接体现在业务端，所以数字化转型也应该从业务端切入。

二是有专门的预算。数字化转型需要投入，需要持续的投入，如果没有专门的预算，很难真正实现数字化转型。

三是有协同共生的文化。数字化转型可以说是企业发展逻辑的变化，也是企业构建内外部新能力方式的变化，所以需要企业能够与内部、外部的相关方展开广泛的合作，并共创共生新的价值。如果没有认知的改变、共生的理念、协同的文化，数字化转型是不太可能成功的。而新文化的打造，也意味着数字化转型需要企业最高领导者的亲自参与和推动，是最高领导者的责任。

彭：其一，企业家及高层领导重视并亲自推动。

其二，要加大对数字化的资金与人才投入，对数字化要舍得投，连续投。

其三，要有基于数字化的顶层设计与战略规划，要选择合适的软件合作伙伴，共同开发、优化软件平台。

穆：一是企业家的数字化认知水平较高。这是真正的动因，不建立在高水平认知上的转型需求都是昙花一现，都属于"找特效药"式的投机。这个条件不能强求，企业家领悟到了就有，没领悟到就没有。

二是战略优秀。优秀的战略让企业有更大的成长空间，事情大了，人的格局才能大，企业才能够容纳更加剧烈的改革。

三是组织到位。组织到位，也就是企业要转型平台型组织，只有这样才能让员工上下同欲。平台型组织和数字化转型是绝配。

认知浓缩

当消费者习惯了数字化生活方式，数字化开始重塑企业、再造行业时，企业的数字化转型就成了必选项。相对在需求侧通过数字化营销获得一时的红利，企业数字化和产业数字化才是更值得深耕的领域，这将是未来中国数字化的主战场。这是一片蓝海，率先闯关成功的企业将赢者通吃。

企业进行数字化转型都是以业务为切入点，尤其喜欢从需求侧的数字营销开始，但最终不得不改革供给侧的业务体系，而这种改革又会引起战略、流程、组织、人才机制等方面的全局变革。但总结起来，大多企业的数字化转型思路都是一致的——力图"以顾客价值为中心"，形成"端到端"的管理重构，释放全价值链的协同效率。其中，关键堵点是"数字化管理"，如果两头都是数字化的，而企业的管理却不是数字化的，那么"端到端"的逻辑就走不通。其实，这种转型思路和组织模式与组织能力的转型如出一辙，只不过组织能力是用数字化的口径陈述而已。

随着数字技术的深入，未来每一家公司都将成为一家软件公司，每一项业务都将成为数字化业务。未来没有绝对的软件公司，也没有绝对的硬件公司，所有公司都应该是软硬结合的。这种变革方向甚至改变了企业的基因，但无论如何变革，数字化始终应该围绕产业的本质进行，应该为产业做"增量"，而不是吸产业的"存量"。另外，在企业数字化、软件化的过程中，服务商心态要好，要成就而不要挟持企业的转型；要追求共赢，而不要只想独美。

IT 是信息技术，可以被视为企业的武器，让企业活得更好，它可以由 IT 部门来承接打造；DT 是数字技术，应该被视为企业的一部分，是企业生存的必需，自然需要由整个公司协同来构建。数字化转型升级的发动机不是信息部门或首席信息官，而是企业家和高层领导。

打造业务中台和数据中台的确是数字化转型的主要战场，但这并不是仅仅依靠信息部门或数字化部门就能实现的。驱动数字化转型，需要一个真正承担责任的组织设置，而一把手必然是这个组织的中心，他们需要进行数字化的认知与思维革命。说到底，只要沾上"变革""改革""转型"字样的事，都是一把手工程，最根本的动力还是来自企业家的认知。变革中犹豫不决的一把手，本质上都是认知不足。

数字化转型需要咨询公司的助力，但没有任何一个咨询公司可以提供全案式解决方案。管理类咨询公司的作用主要是帮助企业进行基于数字化的顶层设计，而提供数字技术支持的咨询公司应该基于自身技术框架，为企业定制解决方案。在数字化转型升级上，中国企业在应用层面与世界同步，甚至局部领先，未来可期。

在数字化转型中，大多数企业关注的业务中台和数据中台的确是数字化转型的战略要地和杠杆解。业务中台实现各个职能条线的能力共享，这是组织设计的一般操作；数据中台通过数据化、算法化来实现这种能力共享的效果，这是数字时代的红利所在。后台标准化与前端个性化需求的矛盾永远存在，还是要依据平台的大数据、算力、算法来解决，这种解决的具体方式就是建设两类中台。这是互联网公司的基因，所以，尽管它们一会儿拆中台，一会儿建中台，但只是基于业务进行的方案调整，它们永远不会放弃中台。

数字化转型引领组织转型，组织转型落地业务的数字化转型，两者是相互依存的鱼水关系。如果组织没有变，员工的责权利没动，部门还是本位主义，它们就没有动机去分享数据、回应用户、协同作战。中台建设也是一样的道理，业务中台和数据中台不仅是简单的数字工具（DT 工具），更是组织布局。

数字化的根本价值在于赋能于每个人，所以数字化更多是给人们带来新的可能性。与此同时，数字化也会对业务部门和职能部门形成冲击，对于不够专业的领域，数据逻辑一定能够总结出更好的专业规律。如同小说《三体》所言："毁灭你，与你何干？"

数字化、数智化底层逻辑的设计还是人，数字化最终还是服务于人，人还是起决定作用的。我们不担心机器像人一样思考，而是担心人像机器一样思考。人性中的"创造力"和"向善之美"，始终是拥抱数字时代的两个最大筹码。

企业要拥抱数字化转型有若干要点：战略厘清、业务切入、领导开悟、亲自牵头、顶层规划、预算支持、文化共生、组织到位。

新生代员工

新生代员工是企业的"本"，也是新组织的超级变量之一。

管理是权变的结果，对于不同的管理对象，应该用不同的组织管理模式。

X 理论、Y 理论、Z 理论[⊖]等对人性善恶的简单划分，构成了传统的管理学底层。但随着"90 后""00 后"大量进入职场，传统的组织管理模式受到巨大挑战。腾讯员工因加班怒怼领导，阿里巴巴女员工单挑管理层，茶颜悦色工作群内员工与老板针锋相对……

⊖ 美国心理学家道格拉斯·麦克雷戈（Douglas McGregor）在 1960 年出版的《企业中人的方面》一书中提出的观点。他认为，X 理论中人们有消极的工作原动力，而在 Y 理论中有积极的工作原动力。Z 理论则是由威廉·大内在 1981 年提出的代表了日本式管理的理论，其强调组织管理的文化因素，认为组织的成功离不开信任、微妙和亲密关系，因此完全可以实行以坦白、开放、沟通为基本原则的参与式管理。

新生代员工主张个性，反对权威，反感约束……他们的复杂性远远超过传统的人性假设[⊖]，而如果我们不能理解新生代员工，自然也就无法讨论"新组织"。人性需求的变化似乎呼唤着组织管理的改变。

那么，新生代员工的人性需求到底有哪些？相比以往时代的员工，哪些需求变了，哪些没变？面对新生代员工变化的人性需求，是否存在一种新的组织模式？在探索新的组织模式上，企业是否找到了正途？企业追求效能，员工主张个性，该如何调和这对矛盾？

新生代员工的人性并没变

1. 新生代员工入场

当下，大量"90后""00后"新生代员工开始涌入职场，他们个性十足，对传统的组织管理模式构成了挑战。新生代员工有哪些特点？相比以往时代的员工，哪些变了，哪些没变？整体而言，新生代员工到底是一个什么样的"新物种"？

陈春花（以下简称"陈"）：每个时代都有新生代员工，并且他们都有各自的独特性。在数字时代的背景下，"90后""00后"作为新生代员工，其个性特征更为明显，我称之为"强个体"。

首先，今天的个体有着非常高的自我效能感。有人说现在的新生代没有那么强的使命感，没有那么能吃苦。我觉得说得不对，只要是他们喜欢做的事情，他们会比你更能吃苦，更有责任感，更加努力。

⊖ 管理学中，指对人的本性的根本看法，X理论、Y理论、Z理论等都是人性假设的具体形式。现代管理学以不同的人性假设为基础，形成了不同的流派。

这就是他们的特点——"懂即自我"（以对某领域的深刻见解和成果来定义自我）。他们又十分现实，比谁都清楚哪些关键资源会影响自己的成功。他们也不盲从权威。曾有学生问我问题，两天后他又对我说：我想了两天，又查了很多资料，对你那天的回答，我并不完全认同。

其次，他们的胜任力可以拓展，能够实现高绩效。今天，数字化让个体拥有更强的能力：其一，数字化让个体拥有丰富的信息；其二，数字工具让个体能够解决很多问题；其三，数字化可以重构成本和效率。当个体变得更强时，其胜任力就会拓展，从而产生更高的绩效。

最后，今天的个体与他人之间的心理契约，是以个人期望为主导的。以前，个体和组织的关系，以组织为主导，以组织的目标为自己的目标，以组织对个体的要求为自己的要求。今天，两者的关系以个体的期望为主导，个体更在意组织的承诺，而不是自己对组织的承诺。

这些就是今天新生代员工的独特点，而没有变的是，他们同样希望尽快实现职业价值，承担更大的责任，成为组织核心团队的一员。

彭剑锋（以下简称"彭"）：我个人认为，所谓新生代员工，是一个伪命题。再过 10 年、20 年，所谓"90 后""00 后"的时代标签就会被后来者取代，新生代成了"10 后""20 后"。我们这些将退出江湖的"50 后""60 后"，年轻时也被称作有个性的新生代，一旦年纪大了，剩下的就是老年人的特征，哪有所谓"50 后""60 后"的时代特征。

正如陈老师提出的，每个时代都有新生代员工，都有他们的独特性。"90 后""00 后"有什么时代特征？他们没有经历过上山下乡，没有真正穷过，没有被组织利益大于一切强求过。他们是伴随中国改革开放及互联网兴起而成长起来的一代，是数字化的一代，自出生开始就享受了中国改革开放、经济高速发展的红利，享受了互联网的便利，接受了数字化的熏陶。这一代人自然更追求个性释放，追求个体价值的实现。

而且，数字化及互联网为个体力量的崛起提供了技术条件。他们可以不依附于也不受制于单一组织，他们可以在社会网络化协同体系中找到自身角色定位，并创造价值、获取价值。另外，他们生长于中国富裕起来的时代，父辈为他们打下了一定的物质基础，使他们可以不为五斗米折腰，可以来一场说走就走的旅行，也有条件按个人兴趣去做事，去追求幸福感、存在感和参与感。

离开时代背景，回到人性本身，人都是善与恶的叠加体。"50后""60后""90后""00后"的人性本质并没有什么区别，也就不存在新生代员工的所谓人性假设，更谈不上专门针对"90后""00后"的独特管理模式。

穆胜（以下简称"穆"）：我同意陈老师所言，新生代员工的确有其独特性，但我更认同彭老师的观点，这些特点并不足以支撑一种新的人性假设，更没必要兴起一种独特的管理模式。

我一直有个说法：如果一个人看了100个样本，还认为是100个，那他就是没有建立认知，因为他没有总结出规律，没有看透本质。同样，如果一个研究管理或做企业的人，把每个时代的员工都看作"新物种"，那他也没有弄懂人性假设。试想，如果对每个时代的员工都采用不同的管理方式，整个管理体系得多纠结、多复杂呀？其实，这就是管理上的不自信，本质上是老板或企业不敢相信自己做了正确的事情。

另外，还有一部分主张新生代员工是"新物种"的老板，是在"装不懂"。他们并不一定真的认为新生代员工的人性本质不同，而是希望利用"新生代员工不为钱工作"这种虚假的假设，少付钱给员工，或者让自己的无管理、乱管理变得名正言顺。

我们应该考虑新生代员工的新特征，修正管理的温度，这是变化；但更应该考虑人性的基础，打磨管理的模式，这是不变。看了大量宣称为新生代员工做了管理创新的企业案例，我想说：别用"花活儿"替代模式，管理没有那么多捷径。

2. 新生代员工的幸福感

新生代员工似乎很在意幸福感，这也是近年来 HR 管理关注的一个焦点。为什么它突然成为关注的热点？到底该怎么解读员工幸福感？

陈：新生代员工更在意幸福感，这的确是一个基本事实。这个变化可以从个体和组织关系的关键词变化中感受到。在个体和组织的关系中，20 多年前，最关注的是"员工忠诚度"；10 年前，最关注的是"员工满意度"；今天，我们更关注一个贴近员工的词——"员工幸福感"。这说明，个体和组织的关系发生了变化。正如前面我讲的，个体和组织之间，从过去的以组织期望为主导，变成了以个体期望为主导。

美国心理学家威廉·詹姆斯[○]（William James）曾说："事实上，如

○ 美国心理学之父，美国本土第一位哲学家和心理学家，也是美国机能主义心理学派创始人之一，更是美国最早的实验心理学家之一。1904 年他当选为美国心理学会主席，1906 年当选为国家科学院院士。2006 年，他被美国的权威期刊《大西洋月刊》评为 100 位美国历史上最具影响力的人物第 62 位。

何获取、如何保存以及如何恢复幸福,是所有时代绝大多数人的行为的背后动机。"现在的年轻人更为开放,更具创新性、学习能力以及服务意识。具有这样特质的员工,既追求自我情感满足,又渴望获得平等融洽的组织关系;既具备较强的革新意识,又期待获得个人职业的长期发展。相对于以往时代的员工,他们更追求内心的快乐,更重视有趣的工作,更需要能展示自己的平台,更在意参与决策以及表现自我。

正是因为员工的这些特质,"让员工快乐"成为一个极为重要的话题。从快乐论角度来说,员工幸福感是指员工对工作的认知和情感体验,包括整体工作满意度、情感满意度以及情绪体验。从现实论角度来说,员工幸福感是指心理幸福感,强调个人价值的实现、优秀的品质,以及从事有意义的活动。幸福感能使员工发挥出很好的价值创造与创新活力,能够充分激发出员工的主人翁作用,带给组织极大的创造力与活力。

彭:每个时代对幸福的定义不一样,每个人对幸福的体验和感知也不一样。小时候,我在农村奶奶家长大,每天吃红薯丝饭,最幸福的时刻是过节时吃上一碗猪油拌的白米饭。那时的玩具只是玻璃弹珠球、废烟盒折成的角板。那时没有学习压力,每天都玩得很嗨,人走丢了,会有好心人把你送回家。虽然穷,但我们的童年很快乐。

新生代员工之所以很在意幸福,是因为他们在现实中没有安全感和快乐感,所以才在意幸福感。

一是他们从小到大就在为考学而奋斗,为各种补习班所困扰,没有体验过童年无忧无虑的幸福感。所以,在工作后,他们想"躺平"

一下，不想再那么内卷，更追求工作和生活的平衡。

二是这个时代是一个高度不确定的复杂时代，世界变化太快，人处于高度紧张状态，没有安全感，自然就没有幸福感的体验。所以，新生代员工更追求相对宽松的工作环境；更在意参与决策与管理，将命运更多地掌握在自己手中；更追求组织对个人的承诺，而不是单一的个人对组织的承诺与服从，从而显得更追求自我。

三是数字时代是一个公开透明的时代，一个几乎没有个人隐私且被大数据信息绑架的时代，自然就少了自由自在的幸福感。所以，新生代员工更追求组织的透明、公开、公正，更在意个人工作和生活的空间与自由。

上述这些让幸福感成了新生代员工"本来不是问题的问题"。至于幸福感是什么，陈老师已经说得比较全面了。

穆：陈老师从新生代员工需求的角度谈了他们对幸福感的追求，彭老师则提到了这是时代更迭带来的影响。我的观点是，人性需求没变，是时代变了，从而激发出以前并不明显的多元化需求，这时候我们需要对幸福感重新定义。

以前物质匮乏，些许的物质满足就能让人幸福感爆棚，比如彭老师提到的猪油拌饭。现在物质丰饶，需求自然往精神层面走，而精神层面的东西是很自我的，大家对幸福感的定义自然也就不同。此外，物质丰饶的前提是社会高度商业化，商业社会快节奏的生活自然让每个人进入了更加自我的精神世界。

虽然员工的幸福感可以用陈老师提到的维度来评价，但在具体定义上是千差万别的。举例来说，什么叫幸福感中的价值体验（个人价值实现）？有人认为是造福社会，有人认为是成就自我，有人认为是名，也有人认为是利。

新生代员工非常自我，你很难用统一的集体主义的物质或精神反馈去满足他们。可行的做法是，让他们在企业的平台上，找到一种自己与世界和解的方式。心安之处，即是幸福。

让个人目标与组织目标相融

1. 企业的效能追求

在员工追求幸福感的同时，企业也在追求效能，而且与工业经济时代相比，现在企业对效能的要求较为苛刻。为什么会出现这种情况？企业追求的效能究竟是什么？

陈：效能可以简单理解为"效率 + 效果"。百年组织管理理论一直在试图回答"组织效率从哪里来"这个核心问题，而组织管理从根本上说就是解决效率的问题。

从组织管理演变的历史看，第一阶段是科学管理阶段，代表人物是泰勒，解决的问题是如何使个人劳动效率最大化；第二阶段是行政组织管理阶段，代表人物是韦伯和法约尔，解决的问题是如何使组织效率最大化；第三阶段是人力资源管理阶段，包括人际关系理论和人力资源理论，解决的问题是如何使人力资源的效率最大化。综上所述，在工业经济时代，通过分工、分权、分利所获得的相对稳定的责任体系，推进了绩效的获得，"分"成为主要的组织管理方法。

随着数字时代的到来，管理面临三个新挑战：强个体的价值崛起，影响组织绩效的因素由内部转向外部，以及驾驭不确定性。组织要获得绩效，关键是把组织看成一个整体，而非分割状态。而且在数字化背景下，技术带来的互联互通让组织生存在一个无限"连接"的空间。所以，今天的效率不再来自分工，而是来自协同，我称之为第四阶段——协同共生管理阶段。

穆：我一直把效能定义为 efficiency，即投产比或效率，另一个相似的词是 effectiveness，即有效性或效果，合起来就是陈老师讲的"效率 + 效果"。在我的印象里，我和彭老师都是效率论的支持者，认为效率才是应该主张的效能。2013 年，我和彭老师在《中国人力资源开发》上分别发表了一篇论文，都把人力资源效能定义为人力资源的效率。刚才陈老师也认为，组织管理的根本意义是解决效率问题。所以，在这个问题上，我们三人应该算是达成一致了。

陈老师回顾了组织管理的演变历史，我的感觉是，组织管理已经从"分工时代"进入"合工时代"。效能的源头变了，如果没有看清楚时代的变迁，企业对于效能的关注可能毫无意义。时至今日，我们还常常看到一些主张效能的企业在使用 20 世纪的管理方式，比如花钱让员工在工作岗位上"堆时间"，在各类业务上"龟缩"，该投入的不投入。这些都是因为没有理解在这个时代效能的源头是"连接的效率"，而不是"局部的损益"。

彭：的确如此。在工业经济时代，分工协同、标准化与规模化带来效率。在数字时代，直接深度连接、一体化与数字化运营、产业生态协同共生、"大数据 + 算力 + 算法"、人机物三元融合……带来系统效率提升、市场价值创造、客户体验提升。在这个过程中，人力资本的价值被极度放大。从这个角度看，数字时代效能的内涵和边界已大大拓展，与工业经济时代不在一个量级和轨道上。

陈：是的，只有组织内外部完全协同共生，企业才能得到它想要的效率最大化。所以，对于今天的"效率 + 效果"而言，既需要组织内部的分工协同带来的整体效率和效果，也需要组织与外部伙伴的协同共生带来的系统效率和共生价值。正因为有内外部协同共生价值的创造，今天企业所拥有的价值活动，已由工业经济时代单一的企业自身创造价值，转变为企业自身创造价值，加上与顾客共同创造价值，再加上与生态伙伴共同创造价值。也就是说，一家企业的价值空间从单一空间，增加到三个空间。

我认为，企业追求的效能是团队效能的释放。团队效能由任务绩效和周边绩效共同构成。任务绩效是指任务的完成情况，是传统绩效评估的部分；周边绩效是指有助于完成组织工作的活动，如帮助他人、团队协作等。按照其他学者的研究，评价一个团队的效能主要看三个部分：生产成果、成员满意度、持续合作能力。

任务绩效已经由上面三个价值空间构成；周边绩效借助于数字技术平台，拥有了更高效率、更低成本的协同合作技术工具，能够持续创造新的价值贡献。所以，（团队效能里的）生产成果、成员满意度以及持续合作能力，在数字技术的赋能下，都会产生完全不同的价值，这是工业经济时代所不可比拟的。

穆：我们还需要看到一点，时代为企业创造了产生高效能的机会，但也给企业带来了产生高效能的压力。如果不是在一个互联互通的世界里，如果不是这个世界里有着跨界打劫、赢者通吃的游戏规则，企业不会遭遇如此激烈的竞争，自然也就不会对效能有如此强烈的需求。

现在谈效能，其实就是在拼组织管理。商业模式上的宏图大志，最终需要落地到组织管理的一招一式。组织如何以新的模式实现高效连接，是时代给企业和老板们抛出的考题。过去，不少老板忽视组织管理，把企业做成了大销售、大研发；现在，越来越多的老板重视组织管理，他们也越来越愿意在组织管理上做动作。

彭：这说明大家的认知在进步。企业要追求效能，始终离不开组织的两个基本命题：一是提高组织工作效率；二是激发组织中人的活力。工业经济时代更致力于追求组织效率的提升，尤其是将基于分工与大规模生产的"点效率"与"线效率"做到极致；在数字时代，一方面追求整体效率、系统效率及产业生态共生的协同效率，另一方面也更关注人的价值创造活力与能量的释放。要考虑后一方面，就应该关注穆胜谈到的组织管理。

在数字时代，以物为核心的效能提升转向了以人为核心的效能提升，组织越来越强调激发人的价值创造的能量。一方面，组织要承认和尊重组织中个体的价值创造力，让组织中的每个人都成为价值创造者；另一方面，组织要为个体赋能，让个体借助组织与团队的赋能，放大个体的价值创造力，并使组织整体效能最大化。

穆：我很认同彭老师的判断，所以我特别强调人效（HR efficiency），甚至认为人效是组织能力的最佳代言，是优先于财效指标和财务指标的经营风向标。穆胜咨询在 2020 年的一项基于 A 股上市公司的数据研究表明，在互联网属性的企业里，人效每变动 1 个单位，财效会同向变动 4.33 个单位。我把这种杠杆效应称为"管理双杀效应"，考虑到互联网已成为经济的底层基础，这种效应很大程度上适用于广泛的行业。

那么，什么样的企业人效最高呢？一定是那些组织模块复用性最好的企业，因为这样就不用浪费组织建制了，每种建制也都能发挥最大效率。说白了，人效高的企业就是连接效率高的企业，要提高人效，就要实行陈老师主张的协同共生和彭老师主张的赋能。

2. 企业效能与员工幸福感的冲突

企业追求效能，员工追求幸福；企业主张集体荣誉，员工主张个体价值……现在，这样的矛盾冲突似乎越来越多，例如腾讯员工因为加班怒怼领导，茶颜悦色工作群内员工与老板针锋相对。这类冲突的本质原因是什么？未来可能会如何发展？

陈：这类冲突本质上是个人目标和组织目标的冲突。

在工业经济时代，组织管理的核心要点是个人必须为组织目标做贡献，在个人和组织的关系中，也要求个人完全服从组织。今天，组织目标的实现越来越依靠组织成员的创造力，强个体的出现强化了个体对组织的影响，组织不仅要完成自己的目标，还必须照顾到个人目标。如果组织不顾及个人的目标，强个体可能就不会来。

所以，除了关注组织的绩效目标，今天的管理者还需要关注人在组织中的意义。只有让人在组织中有意义，才能解决组织创造力的问题、组织真实效率的问题、企业与顾客在一起的问题，才能最终解决组织目标实现的问题。

不过，要让人在组织中有意义，也要避免出现两个现象：人浮于事和虚假繁忙。我们在强调个人独立与自我价值实现的同时，要明确责任，确保个人价值与组织价值合二为一，这才是正确的解决之道。

彭：企业追求效能，员工追求幸福；企业追求组织目标，员工主张个体发展。这两者看似不可调和，实质上是没有矛盾和冲突的，关键在于我们如何定义组织目标与效能。

在数字时代，企业要实现创新与人才驱动，实现高质量发展，就需要将人的意义与价值、人的幸福感体验、个体创造价值的活力与潜能释放等，纳入组织目标与效能。只有这样，才能激发组织成员创造价值的活力，让每个人在组织中有意义、有价值地工作，从而实现人的价值与企业的效能最大化，而不是内卷和浪费。

陈：对未来而言，这类冲突应该是一种组织管理的自然现象，总会有个体发展与组织发展不协调的情形出现。但是，对于强个体而言，如果不能和优秀的组织组合在一起，自己的价值就无法得到发挥；对于组织而言，如果不能组合优秀个体，也就无法成为真正高效能的组织。优秀的组织一定是从关注"个体价值"转为关注"集合智慧"，也就是我所说的"共生型组织"。所以，不管这类冲突会加剧还是会缓解，都要把这种情形纳入组织管理，形成新的组织价值管理模式，让组织目标涵盖个人目标，让个体与组织形成共生的关系。

穆：劳资矛盾一直存在，现在只是加剧了，一方面是企业的需求更高了，另一方面是员工的个性更强了。在工业经济时代，矛盾虽然存在，但金字塔组织模式尚能够消化；到了数字互联网时代，矛盾变大了，金字塔组织模式已难以消化。理论上讲，如果没有一种好的组织模式能够化解这种矛盾，并让这种矛盾转化为合力，冲突必然愈演愈烈。

但回到现实，我并不喜欢跟企业谈创新的组织模式，因为这种调子起得太高了。其实，传统的金字塔组织如果能做好，游戏规则也公平、明确，就不至于出现上述问题。很多劳资冲突，其实都是传统的组织管理没有做扎实。一些企业只是在用员工太有个性当借口，掩盖自己的管理做得不好。

我们现在谈到的、看得见的劳资矛盾，都是一般个体与企业的矛盾，基本可以通过夯实金字塔组织来解决。而强个体与企业平台之间不存在看得见的劳资冲突，因为他们一旦不满意，就会选择去更好的平台。所以，如果企业要搭建平台型组织这类创新组织模式，一定不是为了解决普通的劳资冲突，而是为了给强个体提供大未来。

陈：的确如此。很多劳资矛盾或者个体与组织冲突的出现，都是因为组织管理没有做扎实，没有真正理解如何兼顾组织的绩效目标与人在组织中的意义。在很多时候，这是管理层的懈怠或者危机感不强造成的。对于人在组织中的意义，在今天的组织管理中显得尤为突出。个体的流动已经是一个很普遍的现象，所以，企业必须有能力吸引优秀的个体，并保障其在企业中发挥价值。这需要管理层从管理的底层逻辑上给予足够的认识，并在日常管理活动中呈现出来。

彭：用传统的雇佣关系及劳资关系，没法解释数字时代组织与人的关系以及组织与个体的冲突。随着个体力量的崛起，以及人力资本成为企业价值创造的主导要素，组织与人的关系实质上变成了合作伙伴关系或多重雇佣关系。对于人才，企业要从所有权思维转向使用权思维，人才可以同时为多家组织服务，不可能一辈子只忠诚于一个组织或归某个组织所有。人才流动是必然的，未来的人才可能不是受制于某个平台或组织，而是受制于大数据，人被算力和算法所左右，被大数据所绑架。所以，基于数字化的管理创新要向善，大数据的应用要有人文关怀。

穆：所以，企业家既要有平权意识，接受与强个体的合作关系，又要保持人性温度，在掌握大数据的同时，对弱个体充满悲悯。其实，这个要求真的很高，但我相信能做到的企业家，将是这个时代的宠儿，值得被时代眷顾。

"躺平"是一种组织问题

1. 躺平还是奋斗

新生代员工似乎很复杂，他们既有为了理想而不顾一切的热情，又有"躺平"的颓废。从他们的人性特征来看，在当下的职场环境里，他们成就事业的内驱力是变强了还是变弱了？未来又会如何？

陈：新生代员工最大的特点是自我意识变得非常明确，追求自身价值的释放和过自己想要的生活。他们不是组织中的人，而是一个个独立的人。

关于新生代员工的内驱力问题，还是要回到我对这个群体的三个特征的研究：其一，数字技术的发展让新生代的自我效能感达到前所未有的高度；其二，在数字技术下，个体拥有更多的信息和数字化工具，能够重构很多事情的成本和效率，胜任力得到拓展；其三，个体与组织对话的能力在提升，个体能够更主动地与组织构建稳定的心理契约。

你会发现，高自我效能感能不断拓展胜任力，并构建稳定的心理契约。这也使得强个体在遇到困难和挑战时，不是简单地将其归结为外部原因，而是更关注个人的努力程度。正因为他们把自己的成功归于内因，所以他们能对未来的成功抱有更高的期望，设置更高的绩效目标，也就拥有了更强的成就事业的内驱力。

彭：我也对新生代比较乐观。我认为，不用为新生代感到焦虑，也不用给他们贴上所谓独特个性的标签，要相信一代比一代强，一代有一代的活法，一代有一代的自我解决之道。人的内驱力是基本动机与本能之一。在数字时代，人成就事业的内驱力只会变强，因为人的知识与能力越强，追求的事业的边界就越宽广，动力一定也就越强。过去，我们一味追求速度；现在，我们要追求品质和质量，适度慢下来没什么不好。过去，我们为工作而工作，只顾加班奋斗，忘记了工作与生活的意义和价值；现在，适度"躺平"，关注一下工作和生活的平衡，关注身心健康与幸福体验，只会有利于自己长远与持续的发展。奋斗与幸福并不矛盾，只是奋斗的方式要改变。

穆：彭老师可能在偷换"躺平"的概念。所谓"躺平"，是指通过低消耗的方式生存，是一种放弃努力的消极表现。我并不认为新生代员工在数字时代内驱力一定会更强。我看到的是两极分化：一部分强个体如鱼得水，职业人干得像企业家；另一部分弱个体举步维艰，职业人当得像机器人，被企业无情的算法伤害，"躺平"是他们对抗伤害的最佳姿势。

弱个体是大多数，所以才让我们关注到新生代员工的内驱力问题。

有一个数据能够说明问题。根据穆胜咨询的《2021 年度中国人力资源效能研究报告》，泛行业员工的职业倦怠期不到 3 年。也就是说，3 年不到员工就会对工作失去兴趣，内驱力是不是太弱了？相比之下，强个体可能没有职业倦怠的问题，他们把自己干成了企业家，而企业家是终身职业。当然，这种人是极少的，而且他们还必须找到合适的组织，才有机缘创造和分享价值。

陈：的确如此，更多还是应该关注组织问题。如果你的组织中发现新生代员工有"躺平"的倾向，管理者应该自我反省：是否没有激发新生代员工的兴趣？是否没有提供更多的机会使其发挥价值？是否没有真正赋能他们，让他们学到新的技能？如果真正能够激发新生代员工的兴趣，让他们获得展示才华的机会，我相信他们会有更强的内驱力为组织贡献价值。

穆：所以，员工还是员工，关键还是看企业的导向。企业打造什么样的组织模式，就能够看到什么样的员工。员工的"躺平"，映射的是企业在管理上的粗放。

彭：我不是在偷换"躺平"的概念，我们对"躺平"这个概念及其内涵的理解不一样。我不认为"躺平"是一种低消耗的生存方式，或是放弃努力的表现。在某种意义上，"躺平"是为了避免能量消耗过度而暂时放弃努力，以便积蓄、恢复能量。从长远来看，它具有积极意义，"躺平"或许可以"躺赢"。很多企业只强调奋斗和付出，而忽视了工作和生活的意义与价值，忽视了人是一个生命有机体。所以，我们要知道疲倦，要放慢速度，要有节奏、有品质地工作和生活。

2. 精进还是粗放

客观来说，现在的人力资源管理比以前更粗糙了。比如，以前有素质模型，甚至有任职资格体系，现在不少互联网企业就用几个字来概括对每个管理层级的能力要求。再如，以前有岗位工资、绩效工资、奖金等，现在不少互联网企业直接把薪酬单元合并，把考核简化。这种改变是为了适应新生代员工的需求吗？这是人力资源专业的进步还是倒退？

陈：去年我出了一本新书《数字化加速度》。在书中，我和金蝶的两个研究团队共同研究了人力资源管理在今天的变化和作用。

我们发现，人力资源管理在今天遇到的最大挑战是创新和不确定性，其中包括：

（1）人力资源管理分析数据化和科学化，人力资源管理的颗粒度要更细。

（2）新生代员工有多元的价值观与职业期望，"躺平"成为基本状态，它是一种数字行为状态。

（3）员工、团队及部门之间的协同与共享，是今天效率的重要来源。

（4）雇佣关系多元化，更多人希望从事自由职业。

（5）对于人工智能、机器人技术及自动化程序等的管理，未来人机之间要构成整体效率。

组织要应对所有这些创新和不确定性，就是要让组织成员具有创造力，这就意味着不能用传统的、固定的角色和职责来界定管理者或管理岗位，也不能用传统的胜任力模型和绩效考核模型来进行人力资源管理工作。人力资源管理需要有能力帮助企业成员从具有胜任力转向具有创造力，这需要人力资源职能做出改变。人力资源职能要能够激活每一个组织成员，以获取他们的创造力。

彭：从另一个角度看，不是人力资源管理变得更粗糙了，而是变得更简单了，人力资源管理与企业战略及业务更紧密地对接，并融为一体。其实，数字化将使人力资源管理变得更精细、更颗粒化，但通过算力和算法，又使人的管理变得更简单，对工作任务、业务发展、战略执行的支撑变得更直接。

陈：人力资源管理要与战略管理高度契合，是这个时代的要求。也就是说，人力资源不能只是一个独立的职能部门，其本身也是战略构成的一部分，需要体现在战略实现的各个方面。从这个意义上说，人力资源专业更加重要，更具有意义。

所以我想说，人力资源管理的这些改变不仅是适应新生代员工的需求，也是适应数字时代企业发展变化的需求，更是人力资源专业新价值的显现。人力资源管理的本质，是人与组织的价值经营，也就是说，要能够不断地让人有价值，让组织有价值。

穆：同意两位老师的观点。现在的人力资源管理既要给人更大的空间，也要能够直接支持战略，甚至直接创造经营价值。实际上，人力资源专业正在被挑战和重构，我已经把它称为"人力资源经营"。

我很赞同彭老师提到的，人力资源管理因为数字化变得更精细，人的管理因为算法和算力变得更简单。但我要提醒的是，这种状态并不容易达到。这里面有三个难点：一是 HR 很难深度理解业务，对经营和业务指标无感；二是 HR 很难深度理解队伍，看看我们现在的人才盘点做得有多粗放就知道了，无非就是给绩效和价值观做个四宫格或九宫格；三是 HR 很难深度掌控选、用、育、留，大多数企业的人力资源工作照本宣科，还是在以"给企业吃补药"的心态做事，各类工作无法量化。

所谓深度理解，其结果就是能把人力资源管理数据化，而数据化是数字化的前提。没有这个支点，彭老师提到的算法和算力就难以发挥作用；没有这个支点，那些粗颗粒管理实际上就是在凭"手感"，近年来喜欢"闻味道"的 HR 还真不少。这不是人力资源专业的进步，而是打着创新幌子的倒退。我想说，现在人力资源管理的焦点不在于数字化，而在于数据化，先把其由解"语文题"变成解"数学题"吧。

彭：对！首先是将人的业务活动数据化，这样才会有大数据，等大数据积累到一定规模和量级，算力和算法才有用武之地。但我也要强调，无论数字化人力资源管理达到何种水平，无论人力资源管理的颗粒度有多细，对人的管理还是要有直觉和灰度，不能过度追求量化和数字化，对人才不能过于追求完美。我最早是做人员素质测评出身的，但我对高级合伙人的培养和选拔，从来不用定量化的量表去测评，而是用直觉和经验来判断人品与潜质，以业绩来看实际能力。

穆：我怕有人误解，所以有必要解释一下。我这样理解彭老师的观点：人力资源数据化是大势所趋，能够在整体上保障人力资源管理价值的输出水平，但在关键的决策节点上，还需要决策有温度和灰度。其实，任何管理决策都不可能 100% 正确，只要做管理决策，一定程度上都是在冒险。我们之所以推动人力资源数据化，是让人力资源管理远离"凭手感""闻味道"带来的低级错误，过滤出那些需要温度和灰度的关键决策节点，让价值创造最大化，让赢的概率最大化。

警惕组织的算法无情

1. 中国式管理

用新的组织模式激活新生代员工，目前似乎有两条路。

其中一条路是某些传统企业的组织模式，以海底捞、德胜洋楼、苏州固锝、胖东来等为代表。它们加大激励投入，以赢得员工的信任，提升员工的幸福感，然后再以"大爱则严"的理念让员工接受严格管理，并转化为企业的高绩效，形成了一种"中国式管理"。不过，也有人认为这种组织模式太"左"，是老板打造出来的乌托邦。应该如何理解这种组织模式？

陈：一个正式组织的发展，一定是约束个体行为的，而健康人的个性发展是追求自由的，两者之间天然有冲突。我们要做的，就是在健康个性发展和正式组织责任约束之间找到一条解决之路。

在今天的组织管理中，最重要的应该是赋能，而不是管控。如果你仍然采用控制的方式，就会发现很多优秀的个体不会加入你的组织，所以必须用赋能的方式，让大家觉得在这里可以更好地发挥。如果是一个赋能的场景，就应该有智慧、有知识、有信息、有交互、有机会、有平台。能不能让员工在平台上更好地发展，使其具有更强的社会生存能力，是雇主需要关注的话题。我希望人们回到工作场域中，不是为工作而来，而是为生活而来。

组织从管控到赋能，可以做三件事。一是给予员工更多的角色和机会。员工真正的成长一定是在责任之下发生，要给员工岗位和机会，并尊重他们的价值贡献。二是给予员工很高的身份认同，比如对专业、绩效和特殊贡献的认同。三是工作场景让员工得到收获，获得成长。不同企业可以根据以上三件事设计自己的组织管理模式。

同时需要强调的是，任何组织管理模式都是以顾客价值创造为中心，以支撑业务模式为出发点的。我们不能简单地评价一种组织管理模式是好是坏，而是要放在顾客价值创造以及业务模式选择的角度去看。因为只有这样，才能衡量组织成员创造的价值，才能评价组织管理模式本身。

穆：按照陈老师的观点，在新型的组织模式里，角色机会、身份认同和工作场景这三个维度都要有，但在不同的业务模式下，这三个维度的配比可能会有所不同。

提问中谈到的几家企业，它们的业务模式其实还算标准化，都在一个相对稳定的市场空间里，按照一个标准来塑造自己的产品，并把这个标准分解给员工，然后强力执行。我不否认它们给了员工一定的授权，但从本质上看，它们更多还是以"权威管理＋强激励"的方式引导标准化的员工行为。客观来说，针对陈老师提到的三个维度，这些企业还不完全符合，它们更偏向管控，并不是一种新型的组织模式。

当然，这种组织模式对于这些企业所在的市场可能非常有效，它们的业绩更多来自秩序，偏金字塔式的组织模式不会产生多大问题。但是，也应该认识到，金字塔组织模式在组织扩大后可能面临诸多挑战，个性化员工在这种极度严格的管理方式下可能出现不适或反抗。以前的海底捞和现在的茶颜悦色都出现过员工反对的声音。这类企业需要面对"如何跨越金字塔组织"的问题。还是那句话，很多时候，我们不要把调子起得太高。的确有"中国式管理"，但没有"中国式管理学"，也没有"中国式组织模式"。

还有一个有意思的话题，这类实施"中国式管理"的企业究竟参照了什么人性假设？

彭：之所以把这类管理叫作"中国式管理"，也许是因为过去我们一直一味地学习西方的理性化管理，大家觉得这种效率优先的人力资源管理体系让员工缺乏幸福感，所以就强调所谓的"中国式管理"，来替代西方的现代企业管理。

我认为这是一个误区。在不同的文化背景下，管理会有不同的表现，但现代企业的基本法则是不变的。"中国式管理"并不否定理性，"西方式管理"也并不否定人性，关键是不同文化背景下平衡点和度的把握不一样。我甚至不主张"中国式管理"这种提法。

组织管理模式也不应该陷入传统的二元对立思维：要么基于经济人假设，以制度严格管控；要么基于社会人假设，以大善大爱主张自我管理。在数字时代，要走出非此即彼的线性思维，用生态思维来假设人性。

生态思维下的人性是善恶叠加的。善恶是一个整体，是一体两面；善恶是交织在一起的，没有善就没有恶，没有恶就没有善。人性的善恶状态受什么影响？第一，受价值观的牵引；第二，受生态环境和人的生存环境的牵引。好的制度、好的机制、好的生态环境，会让坏人变成好人；差的生态环境，则会让好人变成坏人。生态思维的善恶是交互的，是动态变化的。

　　陈：正如我前面所言，我不主张强调"中国式管理"，彭老师也持这种观点。我们需要关注的是，中国管理实践的理论意义及其独特的价值贡献。对于人性假设而言，我更倾向于回到人的本性，用一个词概括就是"复杂性"，也可以用彭老师的说法——善恶叠加。所以，在面对人的问题时，组织管理需要充分认识到人性复杂这一点，然后用各种组织管理工具和方法，释放人性本善的一面，让人向善，从而推动社会进步和人的发展。

　　穆：我同意两位老师提到的人性复杂性。我一直坚持一个观点：正因为在这个不确定的年代人变得更加复杂，所以我们完全没必要进行人性假设。有人研究"90后""00后"的人性需求，希望能够定向投喂，来满足这群新生代员工的需求。其实，这是不现实的。举例来说，新生代员工喜欢二次元，难道"60后""70后"的管理者还要去学二次元文化？

　　我的思路是，把员工和市场连接起来，他们需要金钱，需要实现自我，需要社会认同，就自己去市场上争取，而企业作为平台给予他们干事业的机会、给予他们激励、为他们赋能。如果一个企业让员工有机会干、有意愿干、有能力干，它就是最佳的职业平台，拥有最佳的制度，也就是我一直主张的平台型组织。我始终认为，在组织里，只有制度的优劣，没有善恶的人。

2. 互联网新物种

　　激活新生代员工的另一条路是某些互联网企业的做法。它们以业务为先，管理极简，倡导员工自驱动，如阿里巴巴的网状组织、字节跳动的 OKR 模式等。有人称它们为"组织新物种"，也有人认为这种组织模式建立在好赛道的基础上，是战略的红利，而非组织模式的红利。应该如何理解这种组织模式？

陈：如果从一个相对较长的发展阶段看组织管理，都是要求组织有能力支撑战略与业务发展。这些新兴数字企业的组织管理模式之所以被推崇，是因为数字化带来的战略与业务发展更依赖于组织内外的协同共生价值，组织协同的重要性正在得到高度重视。过去的金字塔组织结构正不断向扁平化演进，无论是阿里巴巴的网状组织，还是字节跳动的 OKR 模式，都是为了让员工进行协同，实现更高效的价值创造。

不过，仍要强调的是，采用什么样的组织模式，实际上是由业务的特征决定的。比如，当业务需要稳定性和一致性时，金字塔组织是最好用的；如果业务需要创新和灵活性，需要应对外部变化，网络型或扁平化的组织就更合适。

今天在组织设计上提到网络型或扁平化，其实是源于外部环境变化太快。当外部环境变得太快，而业务又需要稳定性的时候，就需要在应对外部变化和保持稳定性之间找到平衡。而平台化正好可以解决两件事情：一个是整体性和灵活性的统一，另一个是多样性和复杂性的统一。这对互联网企业来说相对容易，因为它们可以灵动地开放网络，它们的业务特征和外部环境是一致的；对传统企业而言相对困难，因为它们的组织本身固化稳定、不开放，与外部环境的开放和变化不一致。

穆：这类企业直面互联网与数字化的复杂市场环境，自然更愿意走向组织创新。而且，这类企业的员工相对年轻，个性更强，也向往新的组织模式。但是，这类互联网大厂是否真的创新了组织？这倒真不一定。不少互联网企业比传统企业更偏金字塔式，它们虽有 OKR、复盘会、时尚的价值观等，实则用浓厚的江湖玩法构筑了更大的官僚体系，不能算是"组织新物种"。

这里，有必要说说平台型商业模式和平台型组织模式的关系。采用平台型商业模式的企业，是否就自带平台型组织模式？

举个例子，初代电商企业利用互联网吸引供需两端的用户和商户上线，撮合商品交易。这种初级的平台型商业模式用金字塔组织就可以满足需求，因为在这类组织里，市场、运营、产品、技术四大条线分工明确，共同提供标准化的"在线货架"服务。但随后，用户需求开始变化，他们不仅想在线上选购合适的商品，还需要精准的商品推送、对胃口的达人带货、迅捷的物流送达、普惠的金融支持。此时，电商企业必须走向高级的平台型商业模式。如果企业内部的各个部门还是在金字塔组织里各司其职，碎片化的功能就难以被整合成一体化的解决方案，所以，它们需要平台型组织模式。但遗憾的是，大量需要越过这一步的企业，并没有进行组织转型的决心。

当然，相比传统企业，互联网或数字化企业更有组织转型的优势，也更容易通过组织转型平衡员工和组织的诉求。一是业绩好，组织转型的容错性更强；二是利润足，与员工共赢的空间更大；三是数字化基础好，组织转型后更容易依托数字化平台实现高效率。

彭：如果没有组织模式的转型和组织能力的再造，要实现数字化转型升级和业务模式创新是不可想象的。组织要建立开放式结构；要打破边界，去中介化、去权威、去中心化；要平台化＋资源共享＋精兵作战；要以客户为中心去拉通流程、打通职能；要上升平台赋能能力，下沉一线综合作战能力；要激发人的价值创造活力……这些都是组织发展的必然趋势。一些企业转型不成功，是因为组织文化与组织结构滞后，组织能力跟不上。所以，企业要进行数字化转型升级，必须下决心进行组织转型与能力再造。

穆：其实，互联网或数字化企业在组织转型上怠于行动，甚至走偏，才是我们真正应该担心的。一方面，它们是业界标杆，很大程度上引领了组织管理的潮流；另一方面，它们的在册和在线员工众多，影响了一个庞大群体的幸福感。我最担心的是，算法无情，降维考虑人性假设和人性需求，让这群新生代年轻人无法施展才华，甚至沦为工具人。

陈：的确如穆胜所言，数字巨头企业在引领性和示范效应方面，都具有巨大的影响力。尤其是对于新生代员工而言，能够到互联网大厂工作，是很多人的目标。这种就业浪潮也推动了一大批新生代员工快速成长起来，并在数字化产业发展和企业数字化转型中发挥着非常显著的作用。如果深入到这些企业中去看，取得这些成效的组织逻辑，正是能够给员工赋能、授权，并形成和组织成员的价值共生与共享。换句话说，就是满足人的需求，释放人的价值。一旦离开这样的组织逻辑，穆胜担心的情形就会不可避免。

3. 新组织的特征

匹配新生代员工的组织模式应该具备哪些特征？

陈：过去，组织管理的三个关键词是：命令、管控、人际。而在数字时代有了三个新的关键词：

一是赋能。赋能场景的高低不同，呈现出不同的组织管理状态。赋能场景高的组织呈现好的组织管理特征，强个体涌入组织，优秀者与组织共同成长；赋能场景低的组织呈现拙劣的组织管理特征，优秀者离开，强个体选择不加入。

二是共生。今天，行业领先企业的战略逻辑发生了根本性变化：从竞争逻辑转向共生逻辑。领先企业之所以能发展迅速、增长强劲，关键是因为其构建了共生价值网络，与价值伙伴共生、共创、共享价值。

三是协同。组织管理需要关注数字技术带来的三个变化：其一，效率不再源于分工，而是源于协同；其二，激励创新，而非考核绩效；其三，创建全新文化，强调互为主体、共创共生。这三个变化背后的逻辑就是协同效率，既要求企业内部打破部门墙，也要求企业外部打开边界，与更多成员合作。

匹配新生代员工的组织模式需要具备同样的三个特征：

一是组织要构建赋能新生代员工的能力，帮助他们快速融入组织并发挥作用。作为数字时代原住民的新生代员工，对于理解新市场、新消费行为，以及运用新技术有着天然的优势，通过赋能可以让他们发挥这些优势，并促进组织成长。

二是组织与新生代员工共生，包括价值共生、目标共生与成长共生，形成强个体与组织平台的协同共创。

三是在与新生代员工的关系中，协同可以转换为开放。组织打开内外边界，给新生代员工提供多元的成长路径，同时形成彼此为成长负责的组织文化。这一方面要求组织有足够的开放性，另一方面也要求新生代员工有明确的责任感，以及对企业价值的认同感。如果没有价值观的一致性，前面所谈的组织模式也就不成立。

穆：这类组织模式应该是这样的状态：一是组织结构能够让合适的员工出现在合适的位置，让他们有机会干；二是激励机制能够精准量化员工的价值，让他们有意愿干；三是赋能机制能够为员工提供支持，让他们有能力干。

当然，这些是对组织模式构成要素的设想，是"形"。如果说特征，就应该是"神"，我总结为"AFB 模型"：

一是敏捷（agile）。这类组织有迅速感知信息的能力，有感知才有行动。

二是柔性（flexible）。这类组织有颗粒化聚散的能力，以个体为单位进行聚散，甚至以个人的某项能力为单位进行聚散。

三是重炮（big bang）。这类组织有沉淀的能力，有沉淀才能打大仗。

这三大特征贯穿于组织结构、激励机制和赋能机制。例如，敏捷要求在组织结构上能够感知市场的需求，在激励机制上能够感知价值的创造，在赋能机制上能够感知知识的分布。

彭：我还是坚持这样一个观点：没有所谓适应新生代员工的组织模式，只有适应产业互联网时代的新组织模式。这种组织模式的基本特点很难用 3 个词来概括，我将它归结为 48 个字：生态布局，网状结构；数字驱动，平台管理；责任下沉，权力下放；领导赋能，自动协同；独立核算，分布经营；共识共担，共创共享。

认知
浓缩

作为新生代员工，"90 后""00 后"个性特征鲜明，他们拥有极高的自我效能感，可以拓展胜任力，高度关注自我，可称之为"强个体"。这缘于他们的生存背景：一方面，中国过去艰难的历史时期没有给他们打下烙印，反而是改革开放、经济发展、互联网、数字化让他们享受了红利，他们希望宣扬个性；另一方面，父辈为他们打下了一定的物质基础，让他们更有底气去宣扬个性。

但将"90 后""00 后"员工归纳为"新生代员工"可能是个伪命题，也没有必要为他们建立一种专门的组织管理模式。人都是善与恶的叠加体，"90 后""00 后"的上述个性特征并没有改变人性本质。企业追求创造对于新生代员工的管理模式有两个原因：其一是管理上的不自信，本质上是老板或企业不敢相信自己做了正确的事情；其二是管理上的投机取巧，希望利用"新生代员工不为钱工作"这种虚假的假设，少付钱给员工，或者让自己的无管理、乱管理变得名正言顺。这两者都是误入歧途。

幸福感是绝大多数人的行为动机。相对于以往时代的员工，新生代员工更追求内心的快乐，更重视工作的有趣性，更需要能展示自己价值的平台，更在意参与决策以及表现自我。新生代员工之所以很在意幸福感，是因为他们在现实中缺少安全感和快乐感。他们长期生活在高压之中，高度不确定的时代背景和高度透明的数字化环境，更增加了这种压力。

人性需求没变，时代变了，从而激发出以前并不明显的多元需求，这时候我们需要对幸福感重新定义。现在物质丰饶，需求自然向精神层面走，而精神层面的东西是很自我的，大家对幸福感的定义自然也就不同。可行的做法是，让他们在企业的平台上，找到一种自己与世界和解的方式。心安之处，即是幸福。

组织管理从根本上说就是解决效能的问题，但与工业经济时代不同，今天的效能不再来自分工，而是来自协同。企业应该在企业内部，甚至在产业范围内追求"连接的效率"，而不是"局部的损益"。企业自身创造价值、与顾客共同创造价值、与生态伙伴共同创造价值是三个价值空间，这三者在数字技术的赋能下，有了全新的可能性。时代为企业创造了产生高效能的机会，但也给企业带来了产生高效能的压力，现在谈效能，其实就是在拼组织管理。

要通过组织管理来实现效能提升，需要关注两个方面：一方面，组织要承认和尊重组织中个体的价值创造力，让组织中的每个人都成为价值创造者；另一方面，组织要为个体赋能，让个体借助组织与团队的赋能，放大个体的价值创造力，并使组织整体效能最大化。

今天，组织目标的实现越来越依靠组织成员的创造力，组织不仅要完成自己的目标，还必须照顾到个人目标，让每个人在组织中有意义。企业需要将人的意义与价值、人的幸福感体验、个体创造价值的活力与潜能释放等因素，纳入组织目标与效能。明确个人责任，确保个人价值与组织价值合二为一，这才是正确的解决之道。

　　劳资矛盾一直存在，现在只是加剧了，一方面是企业的需求更高了，另一方面是员工的个性更强了。最近频发的劳资冲突，其实都是传统的组织管理没有做扎实。一些企业只是在用员工太有个性当借口，掩盖自己的管理做得不好。强个体来去自由，与组织之间很少会产生冲突。如果企业要搭建平台型组织这类创新组织模式，一定不是为了解决普通的劳资冲突，而是为了给强个体提供大未来。

　　在数字时代，人才流动是必然的，未来的人才可能不是受制于某个平台或组织，而是受制于大数据，人被算力和算法所左右，被大数据所绑架。所以，企业家既要有平权意识，接受与强个体的合作关系；又要保持人性温度，在掌握大数据的同时，对弱个体充满悲悯。

　　在数字时代，人的知识更丰富，能力更强，追求的事业边界更宽广，其内驱力拥有更大的释放空间。但在新生代员工中出现了两极分化：一方面，强个体如鱼得水，职业干得像企业家，他们习惯向内归因，也必然拥有更强的成就事业的内驱力；另一方面，弱个体举步维艰，职业人当得像机器人，被企业无情的算法伤害，甚至沦为工具人，"躺平"是他们对抗伤害的最佳姿势。企业打造了什么样的组织模式，就能够看到什么样的员工。员工的"躺平"，映射的是企业在管理上的粗放。当然，从另外一个角度看，"躺平"也有一定的积极意义，这是为了避免能量消耗过度而暂时放弃努力，以便积蓄、恢复能量。

　　在数字时代，面对新生代员工，人力资源管理需要帮助企业成员从具有胜任力转向具有创造力，需要激活每一个组织成员，以获取他们的创造力。人力资源管理的本质，是人与组织的价值经营，数字时代的人力资源管理可以被称为"人力资源经营"。

　　数字化带来的变化是：一方面使人力资源管理变得更精细、更颗粒化；另一方面，又通过算力和算法，使人的管理变得更简单，对工作任务、业务发展、战略执行的支撑变得更直接。但要实现上述两种变化，首先要将人力资源管理数据化，把其由解"语文题"变成解"数学题"。在这一点上，绝大多数企业还没有入门。另外，人力资源管理数据化是大势所趋，能够在整体上保障人力资源管理价值的输出水平，但在关键的决策节点上，还是需要决策有温度和灰度。

海底捞、德胜洋楼、苏州固锝、胖东来等业绩不错的企业，更多还是以"权威管理＋强激励"的方式引导标准化的员工行为，属于传统的金字塔组织模式。由于这类企业的业绩更多来自秩序，这种组织模式是适配的，只不过，它们在组织扩大后可能面临诸多挑战。在不同的文化背景下，管理会有不同的表现，但现代企业的基本法则是不变的。其实，"中国式管理"并不否定理性，"西方式管理"也并不否定人性，关键是不同文化背景下平衡点和度的把握不一样。所以，的确有"中国式管理"，但没有"中国式管理学"，也没有"中国式组织模式"。

面对人性的复杂或善恶叠加，企业应该避免陷入非此即彼的二元对立思维，应该设计一种包容复杂人性的组织模式。这种组织模式能把员工和市场连接起来，他们需要金钱，需要实现自我，需要社会认同，就自己去市场上争取，而企业作为平台给予他们干事业的机会、给予他们激励、为他们赋能。在组织里，只有制度（组织模式）的优劣，没有善恶的人。

阿里巴巴、字节跳动等互联网大厂正尝试推动组织结构不断向扁平化演进，这是为了让员工进行协同，实现更高效的价值创造。但这种演进的结果如何，尚待时间检验，有一种风险是，部分互联网大厂实际上是在用浓厚的江湖玩法构筑更大的官僚体系，并未基于新生代员工的诉求进行组织创新。

这些大厂有业绩、利润和数字化的利好条件去进行组织创新；作为业界标杆，且有庞大数量的员工，它们在组织模式上的选择又具有极强的示范效应。最好的期待是，它们为其他企业走出一条向善之路；最让人担心的是，它们算法无情，降维考虑人性假设和人性需求，让这群新生代年轻人无法施展才华，甚至沦为工具人。

无论如何，我们都应该牢记，匹配新生代员工的组织模式应该具有赋能、共生、协同的特征，拥有敏捷、柔性、重炮的属性。适应产业互联网时代的新组织模式，就是适应新生代员工的组织模式。

组织管理创新

讨论过"形""神""器""本",我们可以回到一幅更大的画面来思考"组织管理"。这次,我们探讨的是组织管理的全景,希望回归数字时代的组织本质,发现数字时代的组织创新。

2010～2020 年,是互联网巨头高速成长的 10 年,它们业绩亮眼。与此同时,另一些新兴小巨人也迅速冒头,乘着各类风口一飞冲天。喧嚣间,伴随着这些企业的辉煌业绩,它们声称的组织管理创新也成了外界关注的焦点。

中国企业似乎有一种"扭曲力场"的天赋,它们不断创造大词,不断研发出新的组织管理模式,不断掀起一次次的管理潮流,中台、政委、OKR、赋能……一波波热潮涌来,带动了诸多试图对标、快速出效果的企业一次次地躁动。

但更多旁观者看到的是，一个个巨头企业开始回归常识（如重拾KPI），一个个网红企业的新模式逐渐销声匿迹，连张一鸣这样的互联网一线企业家，也开始讽刺泛滥的"大词"。[⊖]

于是，我们不禁要问：组织管理真的迎来了大变革吗？究竟是谁在引领组织管理创新？喧嚣之中，我们应该屏蔽什么，学习什么？

三双"冷眼"看创新

1. 管理"大时代"是否来临

当前，管理似乎受到了空前的重视，每个活跃于媒体的明星企业似乎都有自己的一套创新管理方法论，管理是否真的迎来了"大时代"？

陈春花（以下简称"陈"）：如果想探讨这个问题，可以先回顾一下管理理论诞生与演变的过程。我们今天所学习和所运用的很多管理理论，集中诞生于20世纪工业经济蓬勃发展的时期。在这个时期，不断发展的经济环境、不断变化的挑战与冲突，使得社会与组织发生了深刻的革命，这一系列的变化催生了众多的管理理论。

现在，我们又来到一个新的时代，数字技术驱动了社会与生活的巨大变革，数字经济蓬勃发展，商业模式发生巨变，同样致使管理变革与管理创新，从这个意义上说，"管理受到了重视"。

⊖ 2020年，字节跳动创始人张一鸣在字节跳动9周年年会上读了他从公司员工的文档里摘抄的一段文字，虽然该段文字寥寥几句，却充斥着"底层逻辑""信息屏障""用户感知""链路"等热门词汇。他以此来讽刺时下流行的"互联网黑话"。

　　每个明星企业似乎都有自己的一套创新管理方法论，也同样成立。因为，它们对商业模式及顾客价值创造的新探索，尤其是对数字技术带来的新经济范式的探索，也必然需要新的管理模式和管理方法与之相匹配。我不能说管理真的迎来了"大时代"，但是可以说，管理创新是必然的选择。

　　彭剑锋（以下简称"彭"）：的确，这是数字技术和数字经济带来的影响。数字化、智能化不仅是一种技术或工具，它还意味着人类社会进入了一个新时代。这是适应海量的、碎片化的、实时的、多场景的客户需求的价值创造与获取方式的革命，是人类社会的人机物三元融合的新生产方式、新产业组织方式与新生活方式的革命。

　　自然，管理也进入了一个全新时代。正如陈老师所言，基于工业文明而产生的经典管理理论受到了前所未有的冲击和挑战。明星企业往往立于管理理论与实践创新的潮头，我这几年总结提出的新六化——战略的生态化、组织的平台化、人才的合伙化、领导的赋能化、运营的数字化、要素的社会化[⊖]，均来自对明星企业的管理创新实践的探索。

　　管理就是实践，实践是我们最伟大的老师，实践已走在我们理论研究的前面。对于管理学者而言，这的确是一个向实践学习的管理"大时代"。我不知道别人是否有这种感觉，当你走进华为、平安、字节跳动、阿里巴巴、腾讯这些企业时，会发现它们都有自己的一套创新的最优管理实践，你会有一种强烈的自身管理知识滞后的危机感。用经典的管理理论难以解释今天的管理模式和问题，而要为这些领潮

　　⊖　详见本书下篇第 8 章中的"'经营新六化'与人力资源管理新趋势"。

企业提供管理咨询服务，你首先要进行认知革命。从这个角度而言，管理创新的确受到了前所未有的重视。

穆胜（以下简称"穆"）：我同意两位老师的观点，技术变革引发经济变革，带来管理变革。在需求侧，数字技术让用户在线，用户的需求也在线；在供给侧，数字技术让资源在线，资源的协作也在线。基于在线的需求和供给数据，算法可以发挥优势，实现供需之间的高效连接。其实，这既是新的商业模式，也是新的组织模式或者说管理模式；既可以体现为一个个连接供需的 App，也可以体现为一个个连接用户需求与创客、孵化项目的企业平台。

工业经济时代的管理理论无法适应数字时代的需求，管理自然受到重视，创新自然层出不穷。但我特别想提醒的是，我们既要尊重、紧跟领先企业的探索，也要警惕一些口号式创新，尤其是大企业的口号式创新，因为它们非常具有迷惑性。学者应该有自己的一套标准，而不应该陷入企业的逻辑中，在甄别是否是创新上，我们可能更有发言权。

陈：管理实践创新与管理理论创新的确会有所不同，正如穆胜所言，学者应该有自己的一套标准。我特别记得马奇[⊖]说过的一段话："世界充满复杂的因果关系。面对这样的复杂性，要从经验中做出正确的推断，就要采用复杂的实验设计，使用多变量模型，还要使用大样本。"这段话可以让我们理解，一个企业的实践创新与理论创新之间的差异，这也就是我想表达的意思。

　⊖　詹姆斯·马奇（James March），被称为"管理大师心目中的大师"。2003 年，两位咨询顾问制作了一个管理大师排行榜，然后问上榜的大师这样一个问题：谁是你们心目中的大师？根据收到的回答，他们又制作了个"大师中的大师"排行榜。在这个排行榜上，马奇位居第二，仅次于彼得·德鲁克。

彭：管理理论创新源于管理实践创新，又高于管理实践创新。所以，学者既要敬畏实践、扎根于实践，紧贴领先企业的探索，又不能受困于现实丛林中，要跳出单一案例、单一树木的认知陷阱，站在高处洞见趋势与未来，提出创新性、引领性的观点。这是我们这群人对于这个时代的意义。

2. 经得起考验的组织管理创新

这 10 年，中国企业的哪些管理创新让人眼前一亮，而且是可以传承下去的？

陈：前面我们也谈了管理创新的标准，探讨中国企业的管理创新，首先是需要在市场中获得检验，也就是中国企业本身在全球的市场地位被公认。按照世界一流企业的评价标准，企业需要在运营的四个方面表现突出：第一，规模够大；第二，全球生产布局；第三，是世界品牌；第四，有有效的治理结构。

如果我们用以上评价标准作为标准，那么中国企业还有差距，需要继续努力。而被全球市场认可的中国企业，以华为、海尔为代表，它们的管理创新引发了不同程度的探讨与学习。华为在技术创新机制、人才成长机制与治理模式上的探索，非常值得期待。海尔独创的"人单合一"模式，"共赢增值表"以及"黑海战略"同样值得期待，尤其是其"人单合一"模式，已经在并购美国、日本等企业中实现了价值创造。阿里巴巴所探讨的"中台组织"模式，为数字化转型的企业提供了启发。我通过与金蝶、致远互联、腾讯微信等企业的深度合作而总结出的"协同共生论"，也是其中一个管理创新研究。中国企业的管理创新，可以说都在进行中，还需要时间与实践的成效进行检验。

彭：还是这句话：实践是检验真理的唯一标准。中国企业的管理理论与最优实践能否成为全球企业学习的标杆，还在于中国能否诞生一大批具有全球竞争力的世界级领先企业或细分领域的世界级隐形冠军。

关于世界级领先企业的绩效标准，我曾提出过六大指标：一是领先的经营规模与行业地位；二是领先的技术与产品能力；三是领先的品牌影响力与品牌价值；四是领先的全球产业影响力和话语权；五是领先的运营效率和经济效益；六是领先的价值主张与最优管理实践。

以上述六大指标来衡量，除华为、平安等少数几家企业能达标外，绝大多数进入世界 500 强的中国企业还有很大差距。我们的 500 强，本质上是"500 肥"，而不是 500 强。因此，中国企业的管理理论与实践的创新，要得到世界的认可，还有很长的路要走。当然，华为、平安、小米、字节跳动、腾讯等企业的管理创新还是令人眼前一亮的，例如，华为"以奋斗者为本"的价值管理循环体系、小米的"铁人三项"商业模式、平安的"数智化转型"、海尔的"人单合一"、阿里巴巴的"中台组织"、字节跳动的"自组织"都具有独创性，值得期待。

穆：我非常赞成彭老师对于"500 肥"的判断。"站得住的业绩"才是主张自己管理创新的最大底气。

其实，有"站得住的业绩"只是必要条件，而非充分条件。找到一个好赛道，把管理基础打扎实，即使没有创新，也可能成功。在管理上朴实无华真的不丢人，反而会让人尊重。但现在的风气是，不论出于哪种目的，企业都喜欢标榜自己在管理上独树一帜。其实，样本看多了以后就会发现，不少企业没有它们说的那么特别，基本是"常规动作＋大词包装"。我常常提醒客户企业"不要为了创新而创新"，因为那样反而会弄巧成拙。

整体来看，海尔和华为的类平台型组织、小米的生态链都值得深入研究，还有些企业就不一一列举了。一是它们的业绩站得住；二是它们在管理上的确有突破。海尔过去的小微生态圈、现在的链群组织，华为的"铁三角"[⊖]和 PDT[⊜]，都是内部角色"并联"的小作战单元，这些角色共享信息、共创价值、共担风险、共享收益。这和过去工业经济时代各管一段的"串联"模式是完全不同的。小米的生态链用产品经理的方式做创投，用创投的方式做生态，"拉高手，打群架"，业绩和估值上升得很快，也是超常规的做法。

另外，对两位老师提到的阿里巴巴的"中台组织"和字节跳动的"自组织"，我有不同看法。阿里巴巴的"中台组织"并不是一种管理创新，实际上仍是利用了组织设计的基本原理，即提炼业务的共性成立相应的部门。真要说贡献，阿里巴巴的"数据中台"可能算是一种创新。而对于字节跳动来说，扁平化组织架构下的粗颗粒、主动式、循环式目标管理，冠以"自组织"或"OKR"之名，并不是管理创新。当然，无论是阿里巴巴的"三板斧"[⊜]还是字节跳动的"OKR"，对于管理基础薄弱的中国企业来说都有极大意义，它们用"性感"的语言

⊖ 客户经理、产品经理、方案经理三个角色联合作战，形成的销售团队。铁三角最开始在苏丹试点，成功后在北非地区部进行推广，而后再经华为销售服务部推向全球。

⊜ PDT（产品研发团队），是将集成产品研发流程上的若干角色放入一个团队，并联作战。

⊜ 2010 年前后，面对干部数量、质量不能满足业务需求的问题，马云提出，对干部的培养要抓关键点，不要太多套路，要像程咬金的三板斧一样，落下去就有效果。在这个背景下，由湖畔学院承接开发了一整套干部培养体系，就是后来的管理"三板斧"。

唤起了企业的管理热情，重新进行了一次管理通识教育。

这类企业在战略上都值得尊重，但在组织管理上算不算创新，另当别论。我们要警惕因为企业的业绩好，就反推其在组织管理上必有创新，这个逻辑是不对的。

3. 喧嚣中如何去伪存真

对于管理创新，既有共识，又有很激烈的争论。作为学者，往往肩负着探究并推广管理创新的使命，在良莠不齐的企业实践里，这显然是有极大风险的。尤其是在信息爆炸的时代，"大词创新"似乎没有尽头，管理越来越文案化，让人雾里看花。如何避雷呢？

陈："大词创新"、管理越来越文案化这种现象不能说是正常的，只能说是一种现象。其实，企业对于管理创新的探索，有成功，有失败，都是正常的。特别是面对数字化带来的全新挑战，涌现出很多新的商业模式、很多"新物种"，也由此会有很多管理创新的探索，同样也不乏失败的案例。但是，"守正创新"可以给予我们明确的指引和帮助。纯粹去关注企业的责任，关注企业的成长，确信知识的价值，可以帮助我们坚持下来。

"守正创新"包括"守正"与"创新"两个部分。"正"即正道，正的价值取向，事物的本质和规律。守正，就是坚守正道。"新"即创造。创新，就是创造新的价值。如熊彼特○所言，创新必须能够创造出

○　"创新理论"和"商业史研究"的奠基人，美籍奥地利政治经济学家，一直任教于哈佛大学。其"五种创新"理念时常被人引用和提及，几乎到了"言创新必称熊彼特"的程度。被誉为"现代企业管理学之父"的彼得·德鲁克（Peter F. Drucker）对其推崇备至，承认自己深受熊彼特的影响。

新的价值，如果没有新价值的创造，那就仅仅是哗众取宠罢了。无论如何探讨创新，都必须坚守正道，回归本质，创造真正的新价值。

彭：我不会刻意去避雷。最大的"雷"是自己耐不住寂寞，逐名、尚虚的投机心态。要做时间的朋友，要深入企业，要有耐心和定力，要坚信知识的力量和价值。我认为，基于长期主义的洞察力和管理智慧就是最好的"避雷针"。

管理很现实，如果你有太多假动作，要么执行不了，要么企业被市场和客户抛弃。我只是觉得我们这些教授这几年制造的心理鸡汤太多了，企业家被心灵鸡汤灌晕而成为笑话，管理学者撰写的八股学术论文离实践越来越远，离价值创造越来越远，成为笑柄。

管理是企业成长的基石，来不得半点虚假，企业家现在也越来越懂得选择。我们做管理咨询的，如果只是"大词创新"，交给客户一大堆文案，企业是不会为此而买单的。一定要解决问题，创造价值。靠哗众取宠博单的时代已过去，管理创造价值时代已来临。

穆：调研企业这个事情也要慎重。我调研过不少企业，但我发现，自己在进入企业时，接触的人都是 PR（公关人员）安排的，对方的披露口径也都是事先统一好的。如果按照对方的逻辑走，学者的标准很容易被拖偏，把研究案例写成纪实文学。

我的"避雷针"是冰冷的数字，但是我也不喜欢只看基本的财务数据，而是特别执着于观察一些有穿透力的指标，它们不需要太多，几个就行。具体的思路是观测核心指标在"边际"（marginal）上的效率，我发现，这种经济学的思维方式特别有效。

哪些是核心指标呢？例如，财务效能和人力资源效能是我长期观察的指标；再如，单产品效能、单用户或商户效能、坪效等也是不错的指标。以 ofo 来看，不要看用户数量、GMV（成交总额），而要看单车收益率是提高了还是下降了；以瑞幸咖啡来看，不要看用户数量、营收、ARPU（每用户平均收入），而要看单杯收益率是提高了还是下降了。当然，在指标的基础上，如果再有条件进入企业观察，用自己的逻辑收集有温度的信息，那就再好不过了。

中国土壤里的正确创新姿态

1. 企业为何标榜管理创新

按照上述"严苛标准"，真正做到管理创新的企业应该是凤毛麟角。但问题是，中国企业为何还总是执着于提出自己的一套方法论，并将其冠以"管理创新"之名？要成为一个伟大的企业，这是正确的姿态吗？

陈：事实上，不是中国企业执着于要提出自己的一套方法论，而是每个企业都会提出一套自己的方法论，这是从组织学习的视角去看的。

野中郁次郎⊖用"知识创造型公司"来探讨知识与组织学习的关系，让我深受启发。他指出知识创造型公司的特征是"创造新知识需要一线员工、中层管理者和高层管理者的共同参与，企业中的每个人都是知识的创造者。"

⊖ 日本一桥大学教授，毕业于美国加州大学伯克利分校，是知识管理领域被引用最多的学者，被誉为"知识管理理论之父""知识管理的拓荒者"。

在组织学习中，每个人都是知识工作者，都在有意识地创新知识，在组织内部传递知识，激励组织学习，最终使组织的学习能力得到增强。也许这可以解释企业为什么要提出自己的一套方法论。

从"团队"的视角，也可以得出相同的结论。形成团队的五种要素之一，就是要有团队共同工作的方法，而衡量是否真正成为团队的其中一个标准，就是团队是否有"集体工作成果"输出，集体工作成果的一个内容就是组织工作的方法及工具。事实上，要成为一个伟大的企业，拥有自己的一套方法论是基础之一。

彭： 的确如此，管理没有统一范式，范式是学者如事后诸葛亮般总结出来的。企业处于不同产业、不同发展阶段、不同文化个性下，管理模式与方法都不一样。管理方法没有对错，适合自己的就是正确的。管理是一盘永远下不完的棋，永远走在持续改进的路上，管理创新是百分之六七十的积累，加百分之三十的创新。

因此，每家企业都有自己独特的文化个性，都有自己的共同学习机制与方法论。要成为一家伟大的企业，就要创新和探索属于自己的文化个性与方法论，这是企业核心竞争力的源泉。陈老师前面提到的"组织学习"，正是这种核心竞争力的来源。

当然，"幸福的家庭都是相似的，不幸的家庭各有各的不幸"。例如，伟大的企业都是长期主义者，而不是投机主义；伟大的企业都有为客户创造长期价值的核心能力与卓越的产品和服务，而不是欺骗与忽悠客户。这是伟大企业的底层逻辑与共性，大可不必独树一帜。

穆： 彭老师点出了一个关键——企业应该尊重基本逻辑，做好自己的管理。我也特别理解企业喜欢提出自己的一套方法论的做法，这是企业获得核心竞争力的必然选择，大多数管理优秀的企业，也都有它们自己的一套"土话"。从这个角度来看，大多数企业对于方法论的提炼和总结还远远不够。实践中，我接触的企业在知识萃取和沉淀上都是重灾区，在 A 团队里犯的错误，在 B 团队会继续犯；在 C 团队里的最佳实践，其他团队基本无法接触到。这是极其不正常的。

但我发现，虽然不少老板痛恨这种现象，却不愿牵头去改进。他们提的方法论飘在上面，落不了地，最终成为文宣口号。这就不由得让我们质疑，企业究竟是为了虚名而创新，还是为了发展而创新？

其实，企业成就伟大的姿态很简单——基于业务需要，借鉴管理理论，实事求是地做好自己的管理，遇到别人都不能突破的地方，用自己的巧思来尝试，如果突破了，就是管理创新。老板们大可不必非要在管理创新上有所贡献，要提炼出自己企业的方法论，追求竞争力上的突破。管理创新只是一个结果，不应该是目的。至于是不是创新，应该由我们这些见过诸多样本的学者来评价。

2. 中国商业环境中的管理创新优势

如果说中国的标杆企业的确进行了管理创新，那么客观来说，是否因为中国的商业环境，让它们具备了更有利的管理创新条件？在这种环境中，谁会是创新的主角？

陈："创新"是经济学家熊彼特于 1912 年首次提出的概念。管理创新则是指组织形成创造性思想并将其转换为有用的产品、服务或作业方法的过程。按照熊彼特对于创新的定义，企业家要实现对生产要素或生产条件的"新组合"。我们从这个定义出发，生产要素的市场配置，以及有活力、公平的市场环境是基本条件。弘扬企业家精神，鼓励企业家创新也是一个必要的条件。这些条件也需要进一步完善和创造，更需要各个方面都做出努力。

彭：除了陈老师提到的这些，本质上，中国经济发展的差异势能大，管理创新的空间也大，加上中国企业是多种经济成分混合交织的独特公司治理模式，这些便形成了独具中国特色的商业环境，其本身就是一个管理创新的沃土。

穆：陈老师提到中国的商业环境在市场机制成熟、对企业家精神的导向方面，给出了一定的管理创新条件；彭老师则从经济发展的势能、中国企业的特殊属性上，指出了管理创新的空间。这些就是管理创新的外部和内部条件。对于内部条件我比较有感触，我发现现在中国的很多企业都是第一代企业家在执掌，他们对企业吃得很透、行动力很强，思维上也比较注重实用主义，他们很有可能不拘一格、摸索到管理创新的门路。还有一点，中国的咨询机构的进化速度特别快，它们跟进企业家的类似需求，也可能促进管理创新。

彭：学界和咨询界可能有不同定位。学者要有自己的一套研究范式和标准，有自己独立的思想和见解，可以根据研究兴趣自我导向一些。但从做咨询的角度看，还是要放弃一些自我导向或标准范式，要以客户价值为导向。客户需求什么，什么对客户有价值，我就要向客户提供什么。纯管理研究型学者是医学家，要研究治病的机理；而做管理咨询的人员，更多是医师，凭的是经验和技术，要手到病除。

穆：国外咨询机构也提出过诸多经典理论或模型。我的想法和彭老师不同，咨询公司如果没有前瞻的理论和方法，完全基于客户需求，或者说是基于客户的口述需求，反而不能实现有效交付，不能手到病除。以穆胜咨询聚焦的"平台型组织"为例，99%的企业并不真的理解什么是平台型组织，我们得有标准、有范式。当然，彭老师的华夏基石已经相当成熟，而穆胜咨询还是一家年轻、快速成长的咨询机构，要向彭老师学习。

陈：我同意彭老师所言，学界和咨询界定位的确不同，前者要有自己的一套研究范式和标准；我也认同穆胜所强调的想法，咨询公司需要有前瞻的理论和方法。但是，更需要强调的是，管理本身的属性是实践属性，因此无论是学界还是咨询界，必须能够真正回答实践问题，必须能够真正创造顾客价值。我以顾问的方式甚至直接出任企业总裁的方式参与企业的管理过程，其中最大的感受就是：既保持对实践的敬仰，又坚守理论的自信。

给世界以尊重，给中国以自信

1. 看不见的管理创新底蕴

国外多年的商科教育形成了商业底蕴，在管理上也极度专业化，它们似乎很少提到自己的管理创新。这种先天的优势，会成为它们进步的障碍吗？

陈：以我自己的了解，国外的商科教育也在持续地更新与创新中，而它们的教授们也在持续创新管理理论。比如，我最喜欢的"颠覆式创新"理论的提出者就是哈佛商学院的克里斯坦森教授。哈佛商学院自己就有创新创业生态群，克里斯坦森教授更是与哈佛商学院一起携手打造创业加速器，在这里，涌现出很多创新创业项目与创新理论。所以，在我的理解中，只要是与管理实践紧密相关，只要是面向未来培养人才的商科教育，不可能不参与到创新之中，甚至不可能不引领创新。它们曾经因创新而具有优势，也因此会理解到，没有创新就没有优势。

彭：陈老师的这个观点我比较认同，而且我恰恰认为西方商科教育是其管理创新的优势。西方商科教育与企业实践密切结合，许多管理理论创新具有前瞻性和引领性，而不是马后炮。中国商科教育的问题是，过度模仿美国商科教育与学术研究的范式与形式，而没有学到西方商科教育面向实践、勇于进行管理理论创新的本质。我们现在的管理学研究专注于发表"八股文"和引用价值，而背离了实践价值。只要深入实践，实践一定会倒逼我们创新，有实践才有创新。

穆：中国商科教育和实践脱节已经是很明显的现象，两位老师提到的国外那种商学院和实践的紧密结合，在中国似乎并没有大量发生。

这种现象可能会带来不良的影响：一方面，理论研究者闭门造车，造出来的理论越来越不能指导实践，越来越封闭；另一方面，实践者接触不到优秀理论，只能"摸着石头过河"，将文案、大词当作管理创新。以前，我接触的一个企业，甚至认为"流程再造"⊖是其老板提出的。我的看法是，国外学界和企业对于管理创新相对比较慎重，可能是因为他们商科教育的底蕴，企业知道有些东西可能并没有那么特别。

我们不应该把人家的优势"矮化"，而应该看到自己的不足。我在

⊖ 由迈克尔·哈默和詹姆斯·钱皮两人提出的概念，直译应该是"企业再造"，实际上是指对于流程的再造。

深入企业时发现，中国企业在管理底蕴上，还真有太多需要提升的地方，单单一个"目标分解"，可能大多数员工都无法做到得心应手。现在 OKR 之所以能大火，其实并不是因为它是一种管理创新，而是因为它能补齐员工在这方面的短板。我感觉，作为学者也好，咨询机构也好，未来不仅要关注中国标杆企业的管理创新，更要关注中国其他企业的管理基础建设。现在，这种产、学、研联动的机制是缺乏的。

彭：作为咨询机构，我们偏好有一定规模和付得起咨询费用的标杆企业。但从学者的角度，我们也应关注众多的中小企业及管理基础薄弱的企业。这就需要创新产、学、研联动的机制，创新学者绩效评价与激励机制，使学者有动力走进中小企业，推动产、学、研有效结合。此外，企业也要主动将专家学者请进企业。

穆：是的。但企业请专家时要诚心，不能只让专家帮你歌功颂德，把专家当"笔杆子"；而要尊重知识，把专家当作平等的交流对象，甚至是学习的对象，要听得进专家提出的不同意见。

陈：国外企业成功的背后，几乎都有学者在为其赋能。有关商科教育存在的问题，大家也都基本上达成了共识。所以，就有了现在商科教育中强调重建商科教育与企业和社会联系之行动，也有非常多的商学院展开了面向中国问题、面向中国企业实践的教学和案例研究，同时也引用真实鲜活的中国企业案例。另外，有代表性的企业家或管理者也进入商科教育之中。更重要的是，商科教育要培养"负责任的管理者"，这一目标会引发一系列的教学与教育变革。作为从事商科教育的学者也势必要去认知和理解中国标杆企业的管理创新，关注企业的管理基础建设，否则无法真正成为"负责任的学者"。

2. 企业家的管理创新气质

进行真正管理创新的企业家，他们身上有什么共同特质值得学习？

陈：我30年来持续进行的一项研究，就是对领先的中国企业成长模式的研究，研究对象是华为、联想、海尔、TCL与宝钢，这项研究从1992年开始。在长达近30年的研究中，这5家企业的领导者给了我极大的启发，他们引领这5家企业持续领先30年，其间有很多有效的管理创新。在他们身上我看到他们所拥有的特质，我称之为"英雄领袖"，他们是行业的英雄、企业的领袖。这些行业先锋企业的领导者如出一辙：他们不但具备企业领导者的素质和能力，更站在行业的前端部署战略；他们不但希望社会对自己有良好的评价，更希望他们经营的企业承担起社会甚至民族的使命；他们善于改变，不仅如此，他们还注重引导企业共同创造财富和价值。

彭：企业做大、做强、做久是根本，只有将企业持续做好，才会有真正的管理创新的企业家。任正非、马明哲都以企业家身份为本，致力于将自己的企业持续经营好。做到与众不同，成为行业领袖，就是在进行管理创新。企业家最大的管理创新就是引领企业持续健康成长，创造价值。持续成长是硬道理，而不是到处讲学。

穆：彭老师说得很犀利，但企业家出来发声，在某种程度上也促进了产、学、研的交流。不过，我非常同意两位老师的观点是，真正能进行管理创新的企业家，其注意力在企业身上而不在自己身上，他们不仅能够踏踏实实把企业业绩做好，更有超越企业业绩之外的追求，如社会价值和民族使命。只有宏大使命和愿景引导的企业家，才能跳出一城一池，拥有更大的格局；才能仰望星空，脚踏实地。

我还发现，真正能够进行管理创新的企业家，都有一种谦卑的精神，愿意借助学界和咨询界的力量来推动管理，而不是一味闭门造车、摸着石头过河。这方面，华为应该是一个正面标杆。

陈：华为的例子，可以请彭老师来讲。

彭：前面说产、学、研联动，华为就是产、学、研联动创新的典范。任正非创业初期，一方面到华中理工大学等知名高校合作搞科研项目，请教授带学生去华为做科研课题。另一方面又到中国人民大学请文科教授到华为研究管理课题，共同探讨华为成长中的管理问题与创新性命题；同时又广邀全球数十家知名咨询公司提供咨询服务，大量引进西方先进的管理理念与工具，在消化吸收的基础上进行结构化及融合创新，最终形成了华为独特的管理与创新体系。任正非身上最优秀的品质就是自信而不张狂，格局大而不浮躁，善于学习，勇于自我批判。一杯咖啡，吸收宇宙能量和群体智慧。

穆：关键是华为舍得花钱买知识。大企业家就是这种风格，知道自己的目标，知道资源在哪里，算好投产比，说干就干。好多老板心疼那点咨询的预算，殊不知自己错过的，可能是更大的商业机会。格局小了。

3. 如何引领世界管理创新

中国有希望做出引领世界的管理创新吗？

陈：答案应该是肯定的，但前提条件是中国企业能够引领世界。多年前，我写过一篇论文探讨形成中国管理理论的前提条件，结论是需要三个条件：第一，中国企业的领先实践；第二，规律性问题的挖掘；第三，人文精神与共同价值。2019 年的《财富》世界 500 强榜单中，中国企业上榜数量首次超过美国；数字技术驱动成长，使得所有企业重新站在同一个起跑线上；新的世界观，使得协同共生的整体论更具普适意义。由此，我们可以期待中国做出引领世界的管理创新。

彭：我相信，只要中国企业持续做大做强，当中国经济全面超越美国，中国拥有一大批真正具有全球竞争力的世界级企业的时候，全世界管理学研究的目光一定会聚焦中国企业。中国企业家对世界的贡献将不仅仅是 GDP，更有创新的最佳管理实践与管理理论。

穆：世界 500 强榜单上的中国企业数量和 GDP 可能都只是数字。技术和制度是经济增长的双引擎。中国企业要做大做强，一方面要攻克硬核科技，另一方面更要有数字时代的创新管理，而后者可能是前者的制度环境。无论是全球化还是内循环，中国的市场足够大、资源足够多，关键是要有好的组织模式来组织资源，满足市场需求。我的团队扫描了全球范围内的诸多样本企业，发现在组织模式上真正实现了创新的企业寥寥可数，中国企业历史短、负担轻、机会多，还有"超车"的巨大机会。其实，管理创新上的超车，最终体现为企业实力上的超车。如果这样说，我们三位都不是局外人，应该躬身入局，投入到这项宏大的事业中。

陈：的确如此，我们这一代管理学者是何其幸运。我们见证甚至有机会参与了中国企业过去 40 多年的蓬勃发展，40 多年既给了我们观察企业成长实践的机会，也使得我们可以近距离参与企业的成长实践。我们能够真正体会到企业管理实践所创造的价值和管理理论所释放的魅力。所以，继续与中国企业一起相伴成长，实践与理论相互呼应，投身其中，推动企业进步，由此让世界更加美好，也是我们必然的选择。

彭：确实，工业文明 300 年，我们至少落后了 100 年。我们唯一的选择，就是引进、模仿、消化、学习西方先进的管理思想和方法，尽快缩小与西方在理论与实践上的差距。但在数智化时代，大数据的应用与智能化，让我们能够与西方基本同步，在应用层面甚至领先。我们完全有理由相信，未来中国的管理理论与实践，一定会走出简单地模仿学习西方管理的经验曲线，以原创性管理理论及最佳实践赢得世界的认可与尊重。作为管理学人，我们很幸运，也感恩这个时代给予我们与企业共同成长、共同转型升级、共同自我超越的机会。我们一定要回归初心，使命必达。

穆：感谢这个时代，让我们携手共进！

认知
浓缩

工业经济时代后，我们又来到一个新的时代——数字时代。数字技术驱动了社会与生活的巨大变革，数字经济蓬勃发展，商业模式发生巨变，同样致使组织管理的变革与创新。

在需求侧，数字技术让用户在线，用户的需求也在线；在供给侧，数字技术让资源在线，资源的协作也在线。基于在线的需求和供给数据，算法可以发挥优势，实现供需之间的高效连接。这些变化，既体现在商业模式变革上，体现为一个个连接供需的 App；也体现在组织模式变革上，体现为一个个连接用户需求与创客、孵化项目的企业平台。

管理在很大程度上就是实践，实践是我们最伟大的老师，实践已走在理论研究的前面，而明星企业往往立于管理实践创新的潮头。但是，管理实践创新与管理理论创新的确会有所不同，管理理论创新源于管理实践创新，又高于管理实践创新。学者在判断企业案例是否有创新时，应该有一套自己的严苛标准，这是学者的价值所在。

企业要想自己在组织管理上有所创新，不仅要有过硬的业绩，还要在规模、产品、品牌、全球布局、治理结构、产业影响力等方面站得住脚。但是，这些也只是必要而非充分条件。我们还要警惕因为企业的业绩好，就反推其在组织管理上必有创新，这个逻辑不对。

要做出真正伟大的好企业，在管理上有两个方向：一是朴实无华，找到一个好赛道，把管理基础打扎实；二是锐意进取，寻找突破创新。两种方向都可能成功，都值得尊重，不要为了创新而创新，这样反而会弄巧成拙。

中国企业的管理理论与最佳实践能否成为全球企业学习的标杆，还在于中国能否诞生一大批具有全球竞争力的世界级领先企业或细分领域的世界级隐形冠军。除了少数标杆企业，绝大多数进入世界 500 强的中国企业还有很大绩效差距。我们的 500 强，本质上是 "500 肥"，而不是真正意义上的 500 强。

面对组织管理创新上的喧嚣，"守正创新"是正途：守正，就是坚守正道；创新，就是创造新的价值。管理学者要耐得住寂寞，切忌逐名、尚虚的投机心态，基于长期主义的洞察力和管理智慧就是学者最好的"避雷针"。在方法上，管理学者应该依赖数字来做判断，要形成一些独特的观察视角，即一些有穿透力的指标。其中，观测核心指标在"边际上"的效率可能是个不错的方法，财务和人力资源效能就是这类指标。

在组织管理上，企业应该尊重基本逻辑，做好自己的管理。组织管理有底层逻辑与共性，要抬头看路，大可不必独树一帜。但每个企业都有自己的特殊情况，必须埋头探索，这既是组织学习的努力，也是打造团队的必然。管理是一盘永远下不完的棋，永远走在持续改进的路上，管理创新是70%的积累，加30%的创新。老板们大可不必非要在管理创新上有贡献，要有做好自己企业的方法论，追求竞争力上的突破。管理创新只是一个结果，不应该是目的。

中国企业面临复杂的商业环境，这恰恰是管理创新的沃土，实践者、学界、咨询界都应该努力。学界和咨询界定位的确不同，学者要有自己的一套研究范式和标准，咨询公司需要有前瞻的理论和方法。无论是学界还是咨询界，必须能够真正回答实践问题，必须能够真正创造顾客价值。既保持对实践的敬仰，又坚守理论的自信。

国外似乎很少提及管理创新，这是有原因的。他们慎提管理创新，可能恰恰因为底蕴深厚，以至于对管理创新的界定比较严苛。事实上，国外的商科教育，产、学、研联动密切，学术扎根实践实现管理创新，管理创新又可以反哺实践。我们不应该把它们的优势"矮化"，而应该看到自己的不足。无论是学者还是咨询机构，未来不仅要关注中国标杆企业的管理创新，更要关注中国其他企业的管理基础建设。

真正能进行管理创新的企业家都有"英雄领袖"的气质，其注意力在企业身上而不在自己身上，他们不仅能够踏踏实实把企业业绩做好，更有超越企业业绩之外的追求，如社会价值和民族使命。只有宏大使命和愿景引导的企业家，才能跳出一城一池，拥有更大的格局；才能仰望星空，脚踏实地。

中国要做出引领世界的管理创新，前提条件是中国企业能够引领世界。当中国经济全面超越美国，中国拥有一大批真正具有全球竞争力的世界级企业时，全世界管理学研究的目光一定会聚焦中国企业。

中国企业要实现引领，技术和制度是双引擎：一方面，要攻克硬核科技；另一方面，更要有数字时代的创新管理。从本质上看，后者可能是前者的制度环境。所以，管理创新上的超车，最终体现为企业实力上的超车。

我们完全有理由相信，未来中国的管理理论与实践，一定会走出简单地模仿学习西方管理的经验曲线，以原创性管理理论及最佳实践赢得世界的认可与尊重。

下篇 ▶ **洞见**

THE NATURE OF ORGANIZATION
IN THE DIGITAL ERA

———

　　在上篇五个热门话题之后，三位学者将基于商战时局、组织开发和人才管理三个热点，分别带来一篇诚意之作，体系化阐述自己的理念和方法。

　　这三个热点和上篇对话的五个主题不同，更多回归某个领域的理念和方法，希望呈现这个领域完整的知识体系。我们希望的是，某个热点在经过三次智慧的洗涤后，能够去粗取精、去伪存真、由表及里、由此及彼，形成若干底层共识，明确若干概念边界，梳理出若干方法框架，甚至获得若干使用工具……

　　三位学者的分工也颇为明确，配合默契。

　　陈春花首先"开局"。她纵贯全局，对于时代给出一针见血的底层解读，并抛出一个个让人耳目一新的概念，再用独特的笔触刻画概念之下的新趋势。

　　彭剑锋进行"主攻"。他基于底层解读发展出体系框架，破旧立新地给出犀利观点，并用海量的鲜活案例来进行验证。从经营到管理开阔的视野、新奇的立论、磅礴的笔法、大量的排比，让人有酣畅淋漓之感。

穆胜负责"断后"。他回归具体对象，探讨具体问题，将"小"题"大"做，进而管窥全局。他的论述结构严谨、观点鲜明、数据精准、方法落地，作为"断后"的内容，再合适不过。

商战时局、组织开发和人才管理可谓当前最让企业家和管理者困惑的三大问题。在这些主题下阅读三个视角的力作，体会三种洞见的契合与冲突，相信将帮助读者建立起"认知的坐标"。

论商战时局

高度不确定的年代，商战时局瞬息万变，局中人往往雾里看花，并在屡屡袭来的冲击下不堪其扰。数字互联网时代的逻辑底层，叠加诸多"超级大变量"，注定是一盘宏大的棋局，只有智者才能高屋建瓴、凭海观澜，参透其一丝丝本质。也只有基于对商战时局本质的理解，企业才可能坚定方向，不断耕耘，获得更高的效率，商业社会才能走向美好。

本章里，三位跨界学者各自选取了一个"破题点"，尝试解读商战时局。

陈春花强调在"流变"时代将不确定性视为必然，学会与不确定性共处，自我进化而非抱怨环境。她聚焦了穿越不确定性的若干"底层逻辑"——以人为本、勇于行动、将心注入和分享共生，并提倡用效率创新、模式创新、自我转变与贴近顾客四个突破点来实现突围。

彭剑锋抛出了"长期价值主义"的观点，强调中国企业要在不确定性冲击之下回归真正的价值创造，以客户为中心，从机会成长转向战略成长，从野蛮成长转向文明成长，从规模成长转向品质成长，真正提升企业国际竞争力。在他的眼中，不确定性反而是考验企业竞争力的试金石，在环境的冲击中回归常识、坚定地屏蔽浮躁，不仅是当下生存的必须，也是长远发展的正途。

穆胜另辟蹊径，以互联网企业这个群体已进入"威慑纪元"的境遇作为突破点，以精准数据洞穿现象，铺陈了自己对于时代的解读。他认为，互联网企业的"商业模式之殇"和"组织模式之困"只是现象，背后是互联网企业家的商业哲学与时代需求之间存在冲突。只有当他们用自己的格局，来抑制短期功利主义的低阶人性，把自己主导的商业生态变成"无限游戏"时，他们才能穿越"威慑"，获得新生。

通过三人的观点既可分别管窥全局，又能相互倚立互证，它们将为你找到面对不确定性的"锚点"。

陈春花：应对不确定性，企业需要怎样的底层逻辑

2500 年前，赫拉克利特说"一切事物都处在流变之中"，这句话用来注解今天的环境再恰当不过了。"流变"正是今天最显著的特征。

2022 年春天的新冠疫情反复，再次给中国的市场和企业经营环境带来巨大考验。在巨大的不确定性冲击下，对于企业而言，现实的选择是：没有逃避的机会，也没有退缩的可能。

我很喜欢《反脆弱》中的一句话："当你寻求秩序时，你得到的不

过是表面的秩序；当你拥抱随机性时，你却能把握秩序，掌控局面。"

所以，面对无法预测的未来、复杂多变的环境，企业需要注意的并不是不确定性本身，而是极速调整认知，在不确定性中把握确定性，更为重要的是，在不确定性中找到机会。

调整对不确定性的认知

在调整对不确定性的认知之前，我们先来识别下不确定性有哪些？

在我们的研究中知道，不确定性有两种：一种是经营的不确定性，经营的不确定性不会改变大的格局，但是它会影响到盈亏；另一种是结构性的不确定性，它会改变产业格局，给企业带来根本性影响。

坦白讲，很多企业对经营的不确定性稍微敏感一点，因为人们对盈亏很敏感。但是对结构性的不确定性很多企业不敏感，比如在线技术出现的时候，很多传统的零售企业没有特别在意，还是依据经验觉得买东西的人都是在线下，因此错过了这一波发展机遇。而识别出不确性的企业，则能够提前布局，获得新的更大的发展空间。

所以面对不确定时，企业首先需拥有识别不确定性的能力。在拥有这一能力后，就要立足当下，极速调整认知，让自己能够拥有认知危机的能力。在不确定性中把握机遇，主要表现在以下四个方面。

1. 学会与不确定性共处

在一切都变得不怎么确定的今天，我们不仅需要直面不确定性的勇气，更需要有认知它的能力、与它共处的能力。

如何做到这一点？核心是改变自己。

我们需要开始要求自己接受疫情下的不确定性作为经营背景，我们已经不是在一个原有的熟悉的经营环境下开展经营活动，要用新的方式和认知去理解当下的情境。马克思有一句名言："哲学家们只是用不同的方式解释世界，而问题在于改变世界。"我深受这句话影响，在危机来临的时候，我强调人的作用，重视人的主观努力，强调企业自身的能力，而非环境的约束。只有这样，才能真正与不确定性相处，与动荡的世界相处。

2. 坚定自我发展的信心

我们需要面对的不仅是环境，还有企业自身的调整，坚信企业发展才是最重要的。在对领先企业的研究中，我发现那些拥有百年历史的企业，它们的领导者虽然所处的环境不同，但同样的地方在于：不管经济是处在繁荣阶段，还是处在衰退时期，保持增长都是他们坚定不移的信念。

如何理解外部环境的作用，对企业的经营和发展至关重要。一个好的企业管理者与一般的企业管理者的区别也正在于此，好的企业管理者在环境好时，承认是行情助力；在环境不好时，只把环境当作经营条件，绝不当作经营差的借口。一般的企业管理者与此相反。这些好的管理者有一个共同特点：无论是顺境还是逆境，都坚定自我发展的信心。尤其是在逆境中，这些企业更显示出其优势，一旦危机过去必将会迎来强劲的增长。

3. 进化应对而非预测判断

在一个持续变化的环境里，没有人能够预测并借由预测做出判断和选择。在这种情况下，正确的做法就是朝着特定的方向，做好一次又一次调整自己的准备，并努力在前进过程中不断进行验证和改变，以适应不断变化的环境。在充满太多不确定性的市场中，持续而灵活的适应性，是企业必须掌握的能力。

例如，在新冠疫情下，很多企业采取灵活有效的方式动态应对，一些企业开启线上工作模式，一些企业让员工在虚拟小组中学习。我想，如果企业充分利用好这段特殊的时间，也许会让自己有不一样的能力提升。

4. 不确定的是环境，确定的是自己

人生际遇并不是由环境决定的，而是取决于思维的瞬间。确定与不确定，在我看来是一个有机的组合，确定在我们自己手上，不确定在环境上。如果我们把确定与不确定两者组合起来，我相信，这种不确定会是机遇，会是企业成长的真正来源。

应对不确定性的底层逻辑

我曾带领农牧企业应对了两次大的危机，不仅恢复了企业的增长，而且完成了它的战略转型与组织转型，为企业可持续发展夯实了基础。

当我去探寻背后的驱动因素时，发现团队成员具有共同面对危机的一些基本观点，正是这些观点，帮助我们迎难而上，没有让危机成为阻碍企业发展的制约因素，反而使企业在危机中获得全新的发展机会。

在不确定的环境下，危机可能随时而来，所以我们更需要形成解决危机问题的有效逻辑。一旦它被确认下来，组织成员就不会产生焦

虑，并可以凭借底层逻辑形成面对不确定性的心智地图，帮助他们在困顿中知道如何采取行动。

1. 所有的成功都是人的成功

在危机中，企业要活下来，迈过危机这道坎儿，最需要的就是人，依靠人的创造力。在危机时，最能彰显企业特质，并检验企业是否真正具有自我发展的能力。

华为是其中的典型案例。在美国商务部把华为及其68家关联企业列入出口管制"实体清单"时，华为海思总裁何庭波发内部邮件称：多年前，还是云淡风轻的季节，公司做出了极限生存的假设，预计有一天，所有美国的先进芯片和技术将不可获得，而华为仍将持续为客户服务。

为了这个以为永远不会发生的假设，海思走上了科技史上最为悲壮的长征，为公司的生存打造"备胎"。华为用自身的研发实力证明了华为能够做到科技自立。

从华为的案例中我们看到，危机来临时，回归到向企业自身寻求力量，依靠企业自身的发展力和创造力，可以创造出不同凡响的成就。

2. 结果基于意愿、始于行动

如果你有意愿接受危机、面对事实，有意愿与危机共处，有意愿去解决危机，那么解决危机的结果就有可能呈现在你面前。但是，只有意愿不行，还要有行动，行动之后才会有结果。

西点军校学员在接受训练时，第一年强调的是执行力，无条件地执行。第二年开始培养领导力，包括军事训练、体能训练、知识结构、道德观、精神和社交六个方面的训练。它强调的一个是素质，另一个是品格，素质方面主要是知识和技能，品格方面主要是在精神、道德和价值观层面。西点军校通过一系列的课程及训练，让学员具有知行合一的能力，具有自己的信仰，而这些学员也因此在毕业后大部分成为领导者。

很多时候我们会羡慕那些优秀的企业或组织，它们总是能够找到自己的发展的路径，从低谷中走出来，总是可以取得常人难以企及的成就。但是我们更应该看到的是，它们所具有的强烈发展意愿、求得结果的决心，以及全力以赴的行动。

3. 唯有更用心

一场危机检验的是企业的免疫能力，检验的是企业在危机面前，如何更快地理解危机，更有效地去行动以更贴近顾客的能力。同时，危机也考验企业的韧性以及坚持的能力。

2020 年春节，盒马鲜生非但没有受到疫情的冲击，用户数和会员数还都得到了增长。这是因为，一方面，继续实施"不打烊、不涨价"的服务政策；另一方面，每天按门店所需积极从大仓多次调货，全力保障基本民生商品不断供，消费者每天都可以买到新鲜蔬果，不用再囤货。盒马鲜生推出"无接触配送"服务，提示用户下单之后可以与配送员通过电话沟通，减少面对面接触，保障了用户和配送员的安全。所有盒马鲜生门店配置消毒洗手液，定时对门店进行消毒杀菌，并且提供一次性口罩，以便遇到线上配送约满时，可以保障广大消费者放心到店购买。

我们发现，那些能够在危机中存活下来，能够在危机中崛起的企业，最擅长做的也是最有效的行动，就是比别人更用心地去做事情，更有韧性地去面对危机，更努力地去服务顾客。

4. 分享与共生是关键

越是危机的时候，越需要企业找到与顾客、合作伙伴共生的方式，尤其是与员工共生的方式。如果能够在危机中坚持分享与共生，企业就有了可持续发展的坚实基础。

携程从 2021 年 8 月开始了为期 6 个月的"2021 混合办公试验"，员工范围由客服人员扩展至技术、产品、业务、市场营销和职能岗位，有超过 1600 名员工参加。结果显示，混合办公的效果明显，员工对企业的支持率和满意度也明显提升。2022 年 3 月，携程正式推行"3+2"混合办公制度，允许员工每周三、周五在家办公，并计划无差别覆盖全部约 3 万名员工，而薪资不做调整。携程集团董事局主席梁建章表示，设立混合办公制度既是疫情防控所需，也是为了缓解员工平衡工作与家庭的压力，是企业、员工和社会的多赢。

借助不同商业模式、不同业态之间的协同共生，给危机中的企业和员工新的可能性，让更多人得到帮助。这样，企业在得到自救的同时，也帮助了其他企业。

应对不确定性的关键行动

事实上，危机一直都存在，无论是资源、环境、技术、市场还是疫情，其实都处在不断调整、不断迭代、不断更新的变化中，更多未知所带来的挑战，将会展现在我们的面前。

如果企业只能在顺境中，在自己熟悉的世界里，以及在可认知的条件下，才能实现增长、获得绩效，这本身就是一种危机。

对于企业而言，面对危机，我认为有四个行动特别关键，它们分别是效率制胜、模式创新、以"我"为主，以及贴近顾客。

1. 效率制胜

当市场与需求增长不明显或下滑时，企业应对困难靠什么？靠效率，靠布局。同样的事情，你比别人做得快、做得早就能取得主动。不同的事情，你提早布局就会获得先机。

2020 年新冠疫情出现之初，东软集团就与疫情竞速，推出了东软智能信息采集系统、测温防控 / 智能巡检机器人、东软医护助理机器人、东软消毒安全卫士机器人、东软配送骑士机器人等一系列可以有效防控疫情的智能终端产品，以软件、硬件和人工智能技术，为医院抗疫、企业复工、人员返程提供安全保障。

东软一下子推出五款硬核产品，有人会觉得这简直就是"速度狂魔"，其实这只不过是东软凭借多年丰富的行业经验积累，并针对新冠疫情的紧急需求与时间赛跑，通过软硬件的优势，快速构建基于物联网、软件、硬件终端为一体的移动信息化解决方案。

在危机中，每家企业在各自领域所面对的情形是一样的，谁能突围？谁的效率高、谁的协同力强、谁的团队行动快，谁就能在危机中率先突围。

2. 模式创新

危机带来冲击的独特性，需要企业不能以常态方式来应对，无论业务模式、商业模式、运营管理模式还是工作模式，可能都需要创新。

比如很多企业启动"居家办公"模式，让员工在家、在线、在岗展开工作或学习，帮助员工以新工作模式进入工作状态。

危机让企业经营的外部环境发生很多改变，企业原来擅长的商业模式、业务模式，在危机面前大部分可能不再适合。即使本身就是在线模式的很多企业，也遇到了承受能力、技术能力、快速响应能力以及产业链和价值网变化等方面前所未有的挑战。

这一切正说明，面对危机，每个企业都需要有能力转变甚至放弃原有模式，创造新模式。

3. 以"我"为主

能够帮助企业快速响应危机挑战的，是企业自身的核心业务能力，也就是企业需要转换经营思维，从平时关注"他人"，转变为关注"自我"。

在日常运营中，大部分企业习惯性地用"对手"来展开自己的经营活动，但是在危机中，这一点恰恰是需要彻底改变的。危机来临时，你首先要把自己做好，才有机会活下去，需要根据自己的情况，寻找自己的有效方式。想想企业最大的困难是什么，如何尽最大的努力去解决问题，渡过难关。

在巨变的环境里，那些敢于面对危机、快速应对、激活自我的企业，会获得一个特殊的发展机遇，这也是一些中小企业崛起的机会。

4. 贴近顾客

在危机中，能够让企业摆脱危机的外部力量是顾客，只要顾客和你站在一起，你就可以抵抗危机并获得生机。

　　如果想贴近顾客，那么最直接的方法就是切实去理解顾客，把顾客当作朋友，了解他们的需求，了解他们的处境和难题，并给予他们关心和帮助。例如，智慧树网帮助老师们解决在线教学的难题，企业微信帮助企业解决远程办公的难题。企业真实有效的能力，是对接顾客的能力。只要企业能够有效地解决顾客的问题，顾客就不会离开企业。

　　很多时候，企业以为是被危机淘汰了，究其根本是被顾客淘汰了。企业只要在任何时候都与顾客在一起，那就可以找到共渡难关的解决方案。

结语

　　这是一个不确定性成为常态的时代，如果企业想在这个时代保持住持续发展，就需要清醒地识别不确定性，极速调整认知，与不确定性相处，认识和理解变化，并快速行动。

　　如果企业可以做到这些，不确定性就会成为机会，而不是挑战。

彭剑锋：以长期价值主义穿越经济周期

　　经济的波动、企业的盛衰、人的生死，本是一种常态。能活下来，就好；健康活着，就是幸福；逆境中有成长，就是成功，就有未来。无论如何，中国企业与企业家是幸运的，改革开放 40 多年来，经济都处于高速增长中，中国企业基本没经历过大的经济危机或衰退，中国企业习惯了在顺风顺水中抓机会、追风口、赶浪头，以此获得快速发展。正因为如此，一旦经济增长开始慢下来，甚至出现下行，一些企业就不知所措了。

走向长期价值主义

纵观全球世界级企业或隐形冠军的发展史，每一个优秀企业都经历了至少两次经济周期的生存考验。只有经历数次摔打，具备穿越经济周期的能力，才能成为真正可持续发展的"好企业"。中国企业家如何才能让自己的企业达到这种境界呢？我认为最稀缺、最宝贵的价值取向与思维方式是"长期价值主义"，这是他们面向未来、实现企业持续增长的不二选择。

所谓长期价值主义，就是确立宏大的长远目标，并长时间为之奋斗，心无旁骛，以足够的耐心和定力，长期坚持做好心中认定的大事或事业。长期价值主义是我们这个时代最稀缺而又最宝贵的思维方式，也是企业最重要的资产。

中国社会发展到今天，为什么要倡导长期价值主义？

从宏观上看，中国已成为世界第二大经济体，单一以 GDP 为核心指标的价值导向，在引领中国经济高速发展的同时，也带来了一些负面效应，如对环境的破坏、对资源的粗放利用等。

显然，这种经济发展方式难以持续，只有奉行长期价值主义，才能促进我国经济新旧动能转换，以创新与人才为驱动，跳出"短期GDP 规模发展"的陷阱，实现高质量的发展。

从微观上看，中国企业发展到今天，要适应复杂多变的不确定环境，要提升抗经济周期的生存能力，要抓住数字化与智能化时代的战略新机遇，企业家与企业必须回归初心、回归价值观，必须进行认知与思维的革命。企业家最需要改变的地方，就是要建立长期价值主义思维。

企业家要善于抓机会、顺势而为，但不能过度机会主义、投机主义。有人习惯急于求成，希望能毕其功于一役，习惯赌一把的思维；有人习惯走捷径、挣快钱、捞浮财的思维模式；有人习惯盲目多元、不专注、不聚焦的成长路径；有人不愿意也不舍得在人才、技术、管理这些软实力上去做长期投入，不关注产品如何真正为客户创造价值……这些都不可取。

2021 年为什么有那么多上市公司爆仓，就是因为这些上市公司拿着股东的钱，没有去投产品与技术创新，而是去做房地产，去投 P2P，有些公司实业本来做得很好，却耐不住寂寞去玩虚的，结果一玩就自残。

由此可见，企业家还是要回归到长期价值主义，就是回归到客户价值，回归到企业追求长远发展的目标。当然，中国也有少部分拥有长期价值主义的企业，如华为等，这使它们拥有了全球竞争力。在充满不确定性的新时代，中国企业只有以客户为中心，奉行长期价值主义，从机会成长转向战略成长，从野蛮成长转向文明成长，从规模成长转向品质成长，才能真正提升全球竞争力。

长期价值主义的八个企业特质

"长期主义"是一个常识，从专家学者嘴里说出来固然容易，要真正践行却很难。企业的长期价值主义不是一句口号、一碗心灵鸡汤，而是企业的一种坚定信念及脚踏实地践行长期价值主义的行动。概括起来，真正奉行长期价值主义的企业有以下八个方面的特质。

1. 长远的眼光与打算

长期主义首先体现为长远的眼光与打算，人性的弱点往往表现为只顾眼前的利益与机会，难以有长远的打算和长期的价值追求。正如亚马逊创始人贝佐斯提出的："如果你做一件事，把眼光放到未来三年，和你同台竞技的人很多，但如果你的目光能放到未来七年，那么可以和你同台竞争的人就很少了，因为很少有人愿意做那么长远的打算。"

其次，长期价值主义体现为远大的目标追求、"大乌龟"般的坚实行动。正如华为创始人任正非所说的："华为是长远的理想主义者，我们可以为理想和目标'傻投入'，我们可以拒绝短视和机会主义。华为就是一只'大乌龟'，20多年来，只知爬呀爬，全然没看见路两旁的鲜花，不被各种'风口'和投机机会所左右，而是回归商业精神的本质，以客户为中心，坚定信心走自己的路。"

2. 以客户价值为核心的组织与文化

长期价值的核心是客户价值。只有为客户创造长期价值，才有企业的长期价值；只有以卓越的产品与服务赢得客户的信赖与忠诚，才有创造品牌价值的长期增长。这就需要企业的运营不应以领导为核心，而应以客户为中心；不以短期从客户身上捞钱为目的，而以为客户创造长期价值为使命，真正围绕客户做有价值的事情，构建以客户为中心的组织与流程。

正如任正非所指出的："客户导向型组织是屁股对着领导，脑袋对着客户；而官僚组织是脑袋对着领导，屁股对着客户。"

3. 慢下来、沉下去，做最好的自己

做企业是场马拉松，拼的是实力和耐力，一方面需要有足够的战略定力和耐心，另一方面要学会慢下来、沉下去。

亚马逊创始人贝佐斯有一次问巴菲特："你用长期价值的理念做投资，这个道理很简单，也很成功，为什么其他人做不到呢？"巴菲特笑着回答："因为没有人愿意慢慢变富。"其实，在这个世界上，慢慢变富也是件幸福的事情。

我们所处的世界是一个极速变化的世界，人们习惯于快速致富，打短平快，捞快钱，挣容易的钱，却忘记了，有时财富来得越快、越容易，走得也越快。2021 年，有些企业死在了 P2P 上，就是想挣快钱。

中国企业经过 40 多年的高速发展，最需要调整的，就是要从习惯于快，转变为学会慢，做到快慢结合。有时，慢下来调整一下节奏和步伐就是一种"长久的快"。同时，沉下去，埋头苦干，不尚虚、不逐名，低调务实，踏实耕耘，做好自己，这样命运才能掌握在自己的手里。

有些明星企业之所以昙花一现，就是因为企业家尚虚、逐名、不务实，一味追求媒体前的光鲜靓丽。就像已故相声大师侯宝林所讲相声中的情景：被捧的明星，犹如坐在手电筒的光束上，手电筒电门一按，直接将人弄到五彩缤纷的电光束上，享受众人的吹捧和欢呼。但是，电门不在自己手上，别人一关电门，吧唧一声，就摔地上了。

4. 对未来发展舍得长期投入

长期价值意味着要用很长的时间去打造核心竞争力，意味着要对未来舍得投入，注重软实力的打造，注重核心能力的培育。

华为之所以能够成为真正具有全球竞争力的世界级领先企业，是因为华为对人才、技术、管理等软实力要素舍得投、连续投、长期投。

企业的发展短期靠运气，长期靠内功。注重能力的长期磨炼、长期积累，企业才能厚积薄发、屹立不倒。

5. 付出规则成本，创造阳光利润

这几年中国企业家群体似乎陷入了集体焦虑与不安。这种焦虑和不安，一方面来自急速变化的世界，让企业家普遍感到方向迷失、价值迷惘，难以适应；另一方面，也是更为深层次的原因，中国的市场竞争环境正在逐步规范，但尚未达到成熟阶段，在这个过程中，某些企业家在经营中习惯于剑走偏锋，不愿付出规则成本与依法经营成本。

对于许多企业家而言，坚持长期价值主义的最大挑战，是奉行公平竞争原则，依法经营，学会如何在行业平均利润率条件下去赚钱。

6. 奉行产品主义，以好产品、高价值服务体验赢得客户的长期信赖与忠诚

长期价值主义的终极体现是客户的长期信赖与忠诚。客户的长期信赖与忠诚来自企业不忽悠客户，不夸海口，为客户持续提供安全、可靠、性价比高的产品与服务。

优秀的企业家都是产品主义者。正如小米创始人雷军指出的："做企业就是做人品，做人品就是做好产品，做好产品就是要货真价实、真材实料。"中国有些互联网公司早期的高速成长是靠烧钱博流量，甚至是以牺牲用户体验、损害用户价值为代价实现的。如果不奉行长期价值主义，这些企业即使做得很大、很赚钱，也永远不会成为一家受人尊重的伟大企业。

我们也欣喜地看到不少企业在积极行动。2019 年腾讯提出了"科技向善"的新愿景，它正基于长期价值主义，从一个即时通信和社交平台，彻底转变为一家由多个业务引擎驱动、收入颇为健康、发展均衡的企业。

7. 尊重常识，创新成长

长期价值主义者首先体现为对规律和常识的尊重。目前写华为的书有许多本，文章有数千篇，但我很认同吴春波教授的一个观点："华为的成功没有秘密，华为的成功是常识的成功。"华为的成功，某种意义上是尊重常识的成功，但更重要的是，华为将常识做得彻底。

例如，"做企业要产品领先"，这是常识，而要产品领先，就要加大研发的投入。华为每年从销售收入里拿出 10% 以上投入到研发上，近 10 年研发共计投入 4800 多亿元，这成就了华为产品与技术的全球领先。

又如，"做企业要专注、聚焦，要将核心产品做到足够大规模，才会有规模优势"，这也是常识。但许多企业死在了盲目多元化、不够专注、过度投机上，而华为则专注于通信领域，不做投机生意，坚持长期价值主义。

再如，"老板要舍得分钱、分权，才能聚天下人才为我所用"，这也是常识。但很多企业家真到分钱、分权时，就心疼钱，舍不得权。

常识有时会反人性和考验人性，所以很多人恰恰难以遵循常识。很多企业的失败，其实都是犯了常识性错误，没有将常识做到位。很多失败企业并不是败在没有追风口、没有创新模式上，而是败在违背了经营管理的基本常识与规律上。

虽然优秀的企业往往赢在对常识的尊重上，但在不确定的质变时代，做企业的常识也在发生变化，尤其到了物联网时代，我们也需要"认知革命"。

未来社会不是简单的物联网社会，而是以人为核心、以人的价值创造为核心的价值物联网社会。在这样一个全新时代，企业家的自我批判与创新精神是长期价值主义的内在动力源泉。没有企业家的自我批判，没有企业家创新这个"魂"，企业不可能主动走出舒适区，通过变革创新实现成长。

变革与创新是企业生存和发展的永恒主题。企业既要尊重常识，又要走出常识，甚至创造常识，企业永远是在永恒与创新的悖论中成长的。

8. 构建利他共生的产业生态，承担相应的社会责任

长期价值主义的利基，是利益相关者价值平衡与利他共生的产业生态。未来的社会与市场是一个深度关联、跨界融合、开放协同、利他共生、看似无序实则有序的生态系统。企业要有生存和发展的生态思维，要在社会生态系统中有明确定位，这是它们必然的战略选择。我认为，未来企业主要分三类：

第一类是生态圈构建者，如阿里巴巴、华为、腾讯、小米等巨无霸企业。

第二类是生态圈参与者或依附者，如小米生态中的数百个参与企业、温氏集团产业生态赋能平台上的5.6万多个家庭农场。

第三类是超生态连接者，如某些细分或垂直领域的行业领袖与隐形冠军，它们凭借自己独特的产品技术与众多生态企业连接、交互，成为超生态者。

无论何种类型的生态参与者，两个关键点很重要：

其一，每个生态参与者都是价值贡献者，都要围绕客户去做有价值的事，依据各自长处与优势去找准自己在生态系统中的定位，并创造独特价值。

其二，要破除二元对立思维，确立利他共生思维，你好我才好，成就他人才能成就自己。对合作伙伴不是吃干榨尽，而是为生态赋能，

让合作伙伴及生态参与者都能赚钱。苹果与温氏集团之所以能成为行业里最赚钱的企业，就在于苹果能够让生态伙伴赚钱，温氏集团保证让农场主赚钱。遇到大的灾情时，温氏集团会给生态平台上的农场主进行补贴，保护小型农场主的利益，这正是"利他共生思维"的集中体现。

穆胜：威慑纪元，互联网大厂的求生指南

科幻小说《三体》中，主角罗辑利用黑暗森林法则，以同归于尽威胁三体文明，最终拯救了地球。而后，高歌猛进的三体文明在这种威慑之下战战兢兢地享受着和平，这段时间也被称为"威慑纪元"。

互联网大厂，率先掌握了新时代的生存密码，一度以三体文明风卷残云式的进攻方式重构了商业社会，成为时代的主角。但短短几年后，它们就在多个方面遭遇到了挑战，迅速进入了"威慑纪元"。如今，它们和当时的三体文明一样战战兢兢。

在数字互联网时代，"企业业绩 = 战略 × 组织能力"的说法也许不再适用，"企业业绩 = 商业模式 × 组织模式"才是规律。商业模式是战略的坐标，需要企业家跳出战略，思考底层的"护城河"与"财务模型"问题；组织模式是组织能力高低的原因，需要企业家跳出传统的管理模式，思考如何构架治理结构，让员工有企业家一样的责、权、利、能，让人人都是自己的 CEO。

遗憾的是，在这两个方面，互联网大厂都遇到了瓶颈。威慑纪元里的它们，面临一些撼动不了的内外部条件，不敢轻举妄动使用原来简单粗暴的打法，不得不另辟蹊径。

在这些纠结的背后，其实是执掌互联网大厂的企业家的商业哲学与时代需求之间的冲突。

商业模式之觞

2016 年，互联网大厂风光无限，主角光环中的美团王兴却提出了"互联网下半场"的论调。他认为："从互联网到'互联网＋'，意味着一个时代的结束，另一个时代的到来。"自这个论调开始，越来越多的互联网玩家意识到了流量红利的消失，开始寻找其他的增长之路。

在王兴眼中，增长之路有三条：一是"上天"，即发展高科技；二是"入地"，即向产业深处渗透，服务于 B 端用户；三是"全球化"，即把在中国成功的商业模式扩展到全球。这三条路，几乎穷尽了互联网公司所有可能的选择。

尽管把"上天"放到首位，但资本裹挟之下的互联网大厂，显然需要做更有确定性的生意。"入地"和"全球化"是不需要犹豫的选择。于是，各互联网大厂在国内跑马圈地，在全球疯狂并购，摧枯拉朽之势让人咋舌。而在两者之中，"入地"又显得格外重要，互联网巨头们无一不聚焦于产业互联网，并认为这是一个相对于消费互联网更大的世界。

但是，这种势头很快碰到了两座大山："入地"遭遇了反垄断规制，"全球化"则突然遭遇了剑拔弩张的国际形势。再加上疫情让世界割裂，这让某些企业干脆调转了航向，甚至喊出了"把中国当世界来做"的口号。

当"入地"和"全球化"这两条路不好走之后，互联网大厂开始聚焦于"上天"。但科技创新是长期主义的选择，不仅投入巨大，还生死未卜，要出成绩谈何容易？过去，不少互联网大厂号称自己正在拥抱黑科技，但潮水退去后，裸泳者尽显。至少，它们拥抱的黑科技既不能兜住下滑的市值，也不能维持过去高水平的盈利。

现在的尴尬之处在于，尽管大家普遍都认为流量红利已经消失，但互联网大厂依然在依靠流量红利。这种流量红利并不是一种"增量红利"，而是一种用户留存在各个平台上的"存量红利"。随着竞争的激烈，一个个市场内的内卷越来越严重，存量红利也在逐渐消失。数据显示，三大电商的单客成本在迅速拉升，即使发展趋势最好的京东，单客成本也依然处于高位（见图 6-1）。

图 6-1　阿里巴巴、拼多多、京东的单客成本分析

注：在一般口径中，获客成本＝营销费用／（本年度活跃用户数－上年度活跃用户数），但我们认为，营销费用的支出应该也有维系老用户的部分。因此，按照业界默认的"获客成本＝5 倍维系成本"规律，对营销费用进行了分拆，得出了更有参考价值的"单客成本"口径。

资料来源：阿里巴巴、拼多多、京东财报，穆胜咨询。

于是，一波波涌来的不确定性，不断考验着大厂的心态。虽然它们的钱袋依然丰厚（不一定是利润丰厚），但也只能战战兢兢，任何经营数据增速的下滑，似乎都显得格外刺眼。

三大电商，家家有本难念的经：阿里巴巴营收增速不错，但 GMV 几乎停滞不前是痛处；京东 GMV 增速要好一点，但营收增速被阿里巴巴甩开，尤其它还是自营模式；拼多多的营收和 GMV 尽管依然处于高速增长阶段，但增速都在降……（见图 6-2、图 6-3）。

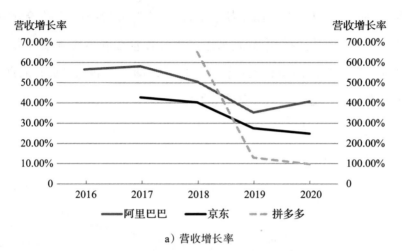

a）营收增长率

注：由于拼多多营收变动幅度较大，所以设次坐标轴。

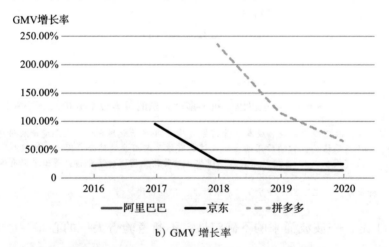

b）GMV 增长率

图 6-2　阿里巴巴、京东、拼多多的营收增长率和 GMV 增长率

资料来源：阿里巴巴、拼多多、京东财报，穆胜咨询。

　　我们不妨追根溯源，以电商这类商业模式来说明大厂们焦虑的根源。消费互联网时代的电商利用互联网，吸引供需两端的用户和商户上线，撮合商品交易。这种商业模式的盈利空间来自两个地方：一是低价的流量，二是低价的产品。过去，两端红利都在：一方面，在商业社会开始接入互联网的前几年，流量红利非常明显；另一方面，中国企业的大量富余产能也为其提供了产品红利。

但是，当流量成本急剧上升时，要让电商依然保持盈利，就只能降低产品价格，一旦低于正常的成本线，就很可能出现假货。这条路显然不太可能持续。其实，外部威慑并不是互联网大厂面临的真正问题，因为在这个不确定的年代，没有这种威慑，也有那种威慑，商业模式的根基不牢才是症结。

还记得在王兴的"互联网下半场"论调提出后，阿里巴巴的王坚有另一种说法："今天讲互联网上半场、下半场，其实是二十几年来中国的互联网企业进入下半场，并不是互联网进入了下半场。"在他眼中，互联网企业尽管创造了各种价值，但商业价值都依赖广告（而且还是基于撮合交易的"利差"空间），它们自然会担心"下半场"的问题。

互联网大厂并非没有看到问题，它们也在尝试跳出原有商业模式，寻找新商业模式：一方面深入用户，理解用户的个性化需求；另一方面深入产业，链接生态中的各个参与者，提供有深度的解决方案。这种新商业模式，就是产业互联网。说白了，就是让产业实现数字化，再用数字技术来让产业提效，前者是"入地"的必然，后者是"上天"的一种选择。

产业互联网，看似是个新大陆，实则并不容易抵达。这不是从2C到2B的问题，也不是从向C端卖产品到向B端提供解决方案的问题，而是要让一个商业生态从线下整体迁移到线上，重构其物种之间的关系，整体提升生态效率。

更大的威慑是，它们在选择这条路时，只能采用实实在在的价值创造的方式。过去那种依赖资本大干快上、砸钱做平台的方式，显然破坏了商业社会的某种平衡，随时会遭遇反垄断达摩克利斯之剑（见表6-1）。

互联网大厂今后的路，没那么好走。

表 6-1　互联网头部企业遭遇的反垄断规制

规制对象	时间	原因	政策或行动
京东	2020 年 12 月 24 日	开展自营业务存在不正当价格行为	市场监管总局依法对京东处以罚款 50 万元
阿里巴巴	2021 年 4 月 10 日	对平台内商家提出"二选一"要求	市场监管总局责令阿里巴巴集团停止违法行为，并处以罚款 182.28 亿元
美团	2021 年 4 月 26 日	涉嫌实施"二选一"等垄断行为	美团回应称"公司将积极配合监管部门调查……"证实监管部门已经介入
腾讯	2021 年 7 月 10 日	作为大股东，促成头部游戏直播平台斗鱼和虎牙进行合并	市场监管总局发布公告，叫停合并
滴滴	2021 年 7 月 16 日	无视监管部门对其推迟赴美上市计划的建议，且疑存在严重违法违规收集个人信息问题	国家网信办等多部门进驻滴滴开展网络安全审查，禁止了滴滴注册新用户，要求滴滴的 25 款 App 下架
腾讯	2021 年 7 月 24 日	收购中国音乐集团后，可能控制版权，排除竞争	市场监管总局处以罚款 50 万元，且要求腾讯不得与上游版权方形成独家版权协议
美团	2021 年 10 月 8 日	滥用网络餐饮外卖平台支配地位，对商家实施"二选一"的行为	市场监管局责令美团停止违法行为，退还保证金 12.89 亿元，并处以罚款 4.42 亿元

资料来源：国家市场监督管理总局官网，穆胜咨询。

组织模式之困

即使过去的商业模式依然火爆，互联网大厂的组织模式问题也开始浮出水面。

官僚、僵化、江湖、划水……这些看起来是传统企业专属的标签，也被打到了互联网大厂的身上。另一些特色标签更是让人唏嘘，如算法无情、不尊重人性、员工工具化……

过去，互联网大厂的若干所谓"组织创新"，一度被认为是新标杆，但这两年，舆论风向开始急转直下。有极端的论调甚至认为，互联网大厂标榜的组织上的"超能力"，实际是老板的战略眼光＋资本的"钞能力"。

先不谈"组织创新"，让我们回到最基础的"组织管理"。互联网企业的组织管理水平到底如何？其实，在过去优秀业绩的包裹下，这是很难验证的问题。

在这些企业高歌猛进的阶段，一个简单的期权或股权激励就可以让员工分享企业成长的红利，打造若干造富神话，让后来者心驰神往，服从企业的权威。再加上一点价值观口号，团队看上去绝对精气神儿十足。职级体系、绩效考核、赋能机制等组织管理设计的合理性？不存在的。说白了，组织建设上的所有失误，几乎都可以用钱来解决。

但如果这类企业的利润开始下降，上述逻辑显然不再成立。于是，大量的组织问题开始集中爆发。此时，如同潮水退去后孱弱的商业模式，组织模式的问题也相当刺眼。

不难发现，不要说组织创新了，就是一些组织管理的基本功，这类企业似乎都很有问题。它们在组织结构的合理性、激励机制的精准度、赋能机制的效率级上，与传统企业并没有太大区别，这些组织内的部门墙、隔热层、流程桶、真空罩，也一个不少。一个再简单不过的例子是，如果互联网大厂的激励如此精准，就不需要用工时计量这种初级方式来发工资了，也不会因为把员工变成出卖时间的"工具人"而被诟病了。

现实是，某些互联网大厂采用了"去管理化"，再加上浪漫的文宣口号和游戏化的仪式感，营造出了一种组织模式创新的幻境。它们并没有解决传统金字塔组织的固有顽疾，只是暂时"绕了过去"，却说服自己和公众是"跨了过去"。有时，它们甚至在回避问题时制造了更多"沉在水面下的更大问题"，这些问题随时可能爆发。

数据不说谎，人效指标是组织能力的最佳代言，是验证组织模式优劣的关键指标。这里，我们不妨再思考一个穆胜咨询定义的人效类指标——边际经营业绩（以人为口径），简单说，就是每追加一个人，能够带来多少 GMV 或营收。具体公式如下：

$$边际经营业绩（以人为口径）= \frac{GMV_t - GMV_{t-1}}{人数_t - 人数_{t-1}}$$

可以说，相对传统人效指标，这个指标更灵敏地显示了人效的变化趋势，而人效又与财效有同向变动的关系，这显然强烈预示了企业未来的财务表现。如图 6-3 所示，腾讯和阿里巴巴的边际经营业绩曲线都呈下降趋势，而且处于人均曲线的下方。

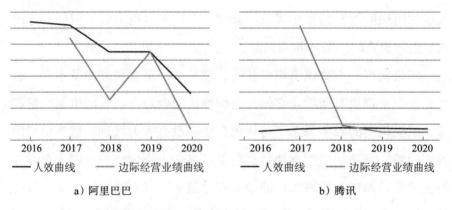

图 6-3　阿里巴巴和腾讯的边际经营业绩（以人为口径）和
人效变化趋势（2016～2020 年）

资料来源：腾讯、阿里巴巴、美团财报，穆胜咨询。

　　互联网大厂需要面对的现实是，如果要走向产业互联网，它们不仅需要为组织管理的欠账补课，还要拥抱组织模式的创新，这点绕不过去。

　　仍以前面提到的电商的商业模式为例。初代电商的商业模式，只是提供了在线货架并撮合商品交易。因此，在组织模式上，传统金字塔组织已经够用了，市场、运营、产品、技术四大条线分工明确，组织效率一定不差。

　　但随后用户需求开始个性化，他们不仅想在线上选购合适的商品，还需要精准的商品推送、对胃口的达人带货、迅捷的物流送达、普惠的金融支持……此时，电商企业内部的各个部门，甚至外部的生态伙伴，都要进行高效协同。

　　这种协同，只能通过平台型组织来实现：

　　一是在组织结构上形成"三台架构"，以用户为中心，前台拉动中台，中台拉动后台，让听得见炮声的人来呼唤炮火。

　　二是在激励机制上形成"市场化激励"，精准衡量每个经营单元甚至个人的市场化贡献，让人人都是自己的 CEO。

　　三是在赋能机制上形成"知识流赋能"，让企业的各类知识高效沉淀，并快速、精准地推送到作战场景中的人身上。

　　解决组织问题是苦活累活，习惯了"抄近路"的互联网大厂们愿意做吗？另外，组织转型是重构责、权、利、能，大厂们长到现在的规模，真的能动得了刀吗？除了老板，谁敢？老板要是敢，能解决问题吗？

"威慑纪元"的真正威慑

　　其实，商业模式或组织模式的威慑，从来都不是真正的威慑，两者的交织才是。任何一个问题，其实都有方法来解决，难就难在两个问题一起爆发。现实的困境是：当商业模式红利不再而面临瓶颈时，只能走向新赛道，而新赛道又只能通过组织模式创新来支撑，组织创新却举步维艰。

深究起来，真正的威慑也不仅是商业模式和组织模式问题的交织，更来自大厂掌门人的内心，是他们的商业哲学与时代需求之间存在冲突。

客观来说，面对互联网时代的大片处女地，要互联网企业稳扎稳打、坚持长期主义一定是"反人性"的；面对占领的"土地"（用户、生态合作者等），要它们不垄断、不收割，也一定是"反人性"的。

这是一个美国纽约大学宗教历史系教授詹姆斯·卡斯提出的"有限游戏与无限游戏"问题。他认为，世界上有两种类型游戏：有限游戏，其目的在于赢得胜利；无限游戏，旨在让游戏永远进行下去。有限游戏具有一个确定的开始和结束，拥有特定的赢家，规则的存在就是为了保证游戏会结束。无限游戏既没有确定的开始和结束，也没有赢家，它的目的在于将更多的人带到游戏中来，从而延续游戏。

《三体》小说中，三体文明依靠升维的科技，宇宙内其他文明依靠降维的二向箔，建立了自己的霸主地位。这种短期导向的理念，其实遗祸无穷，导致了后续的一系列双输，甚至导致了整个宇宙的崩塌。

回到互联网商业世界，我真心希望"大企业家"能用自己的格局，来抑制短期功利主义的低阶人性，把自己主导的商业生态变成无限游戏。

正如卡斯所言："有限游戏参与者，在边界内游戏；无限游戏参与者，与边界游戏。"

论组织开发

组织，是企业面对不确定性的最大底气，强悍的组织让资源的聚合更有效率，将企业获胜的概率尽可能地放大。在工业经济时代，确定的商业环境让组织的重要性大大被低估了，"组织认知"甚至被商学两界从"企业家才能"里剔除。在数字互联网时代，企业的商业模式快速迭代，战略频繁调整，组织也必然跟着频繁调整，这一过程更考验企业家和企业的"组织认知"。

陈春花以数字时代为背景，探讨了组织所处的无限连接、快速变化的新环境，并认为组织中的个人、组织、目标、环境、变化等要素之间的关系已经完全不同，这必然导致组织的逻辑走向新阶段。过去是分工产生效率，而现在是协同产生效率。她敏锐地指出，时代需要一种完全不同于以往的组织，这种组织必须为个人和企业都创造更大的价值。

彭剑锋显然也注意到了环境的变化，并提倡用一种新的"量子思维"来解构组织，强调促进连接、接受灰度、拥抱混序。他极力主张要重视小人物的创意，让组织内外的个体都成为价值的创造者。显然，在他的眼里，组织的意义不仅在于成就企业家，更在于成就无数有梦想的创客。其实，这种观点就是主张一种新时代的"商业民主"。

穆胜一直是平台型组织的坚定拥护者，但在本章里并没有过度对新组织模式进行展望，反而回到了一个更加实际的话题——当下企业真的走在组织进化的路上吗？大量案例分析后，他得出了相反的结论：若干互联网大厂的组织调整只是一次次地在收权与放权、裁撤与新建之间"循环折腾"，始终没有跳出金字塔组织模式。

在本章里，三位跨界学者用犀利的观点，在数字时代的背景下解构组织，尝试帮助企业家和企业厘清纷扰，建立在组织开发（OD）上"高人一等"的认知。在三种交织的观点中，既有对趋势的共识，又有对现状的不同判断，至于事实如何，就要靠时间给出答案了。

陈春花：数字时代的组织价值重塑

我长期专注于组织发展和组织成长的研究，因为人类的每一次变迁和成长，都是源于新的组织模式的跃迁。

人类的进步，其实是人类合作方式的成功。在合作的组织方式中，"人"发挥什么作用，是我们要关注的话题。在数字时代，我们需要一种新的意识、新的世界观、新的方式来重构我们的组织。

因此，我想跟大家一起探寻：数字技术背景下组织管理的真谛。

组织面对的四个基本现实

我一直关注的一个核心命题是"数字化的本质与组织价值重塑"。过去我们了解组织所处的环境，更多关注的是组织本身；今天，我们要关注的是组织与外部的关系。在管理中，组织要面对以下四个基本现实：

第一，组织处在无限连接之中。组织必须是一个很活的结构，对外部充分地开放，不断与外界交互，真正获得能量并输出价值。

第二，组织处在一个非常动荡的环境里。没有人能够对正在发生的、将要发生的情形有足够的了解。你一定会遇到非常多的不确定性，我们能做的就是与它产生连接后，形成动态的、持续进化的能力。

第三，今天的发展方式是全新的，而不再是线性的。数字经济跟工业经济，两者之间最大的不同是发展方式的改变，由线性的、封闭的、稳定的模式，转向更加开放、互动、互联、协同的模式。

第四，《反脆弱》的作者提出一个观点："当你寻求秩序时，你得到的不过是表面的秩序。当你拥抱随机性时，你却能把握秩序，掌控局面。"这就是今天的一个基本现实。

组织管理的四个命题已完全发生变化

如何理解数字化背景下组织的新定义？

讨论这个部分，遇到的最大难题是组织管理的四个命题变了。组织管理，其实是四对关系：个人与目标的关系、个人与组织的关系、组织与环境的关系、组织与变化的关系。

过去在组织管理中，组织比个人大，目标比个人大，组织比变化大，组织比环境大。个体不服从目标，对目标没有贡献，组织就淘汰你。相对来说，它是一个稳定的环境，不受外部干扰，甚至变化也没有那么剧烈。所以，过去的组织管理者管理企业相对容易，其权威性就能产生影响力。

今天，这四对关系全部发生了变化：

第一，强个体出现。首先，个体有高自我效能感，强个体的特点是"懂即自我"，他们十分现实，不盲从权威，更是多样性的；其次，数字化让个体胜任力得以拓展，让个体拥有非常多信息和数字化工具，并重构了组织效率；最后，个体与组织之间的心理契约是以个人为主导的，个体更在意组织的承诺能力。

第二，组织目标涵盖个人目标。今天，组织目标的实现越来越依靠组织成员的创造力。组织目标如果不考虑个体目标，优秀的人就不会来。今天给强个体提供的是事业平台，而不是简单地提供一个岗位，讨论一下工资。

第三，环境的影响变得更大。组织绩效的影响因素从内部移到了外部。今天不再是组织自己做好就能取得绩效，因为外部的影响因素变得更大，比如疫情、跨界颠覆、碳排放等，环境远大过组织。

第四，变化的影响超越组织本身。今天的变化充满了不可预测性和不确定性，环境变化已经超越组织本身。

这些改变导致组织也随之发生变化。比如人在组织中的作用，传统组织结构中，我们尽量把人培养成通才，既要懂专业，又要懂管理，还要有非常高的情商。但现实是，通才本来就很少，培养通才的时间成本和资源投入非常大。

在数字化的背景下，组织成长速度非常快，呈指数级增长，而且独角兽企业也快速地成长起来，原因是什么？

这是因为组织不需要花心思培养通才，需要的是专家，然后让专

家能够协同工作。发挥每个人的优势与把每个人都培养成通才，两种
形式的成本和效益完全不一样。

这些变化意味着数字化对组织价值的重构，意味着企业与顾客、
合作伙伴、员工之间，共生出新的价值。

组织底层逻辑从"分"到"协同"

过去，组织管理的三个关键词是：命令、管控、决策。来到数字
时代，这三个词变了。数字时代，组织价值重构的三个关键词是：赋
能、共生、协同。

1. 工业化时代，组织运行的底层逻辑是"分"

工业化时代，效率源自组织内部，最受关注的是能否释放组织效
率。在组织管理中最喜欢说的一句话是"责、权、利对等"。一家企
业的效率不够高，是因为责、权、利不对等，只要责、权、利对等，
组织效率就能最大化。

2. 数字时代，组织运行的底层逻辑是"协同"

数字时代，影响组织绩效的因素从内部移到了外部，所以仅内部
有效率不能解决问题。非常多的企业家问我：现在比过去产品品质更
高、成本更低、效率更高，为什么反而在竞争中输了？也有一些企业
家说了一句非常有哲理的话：赢过了自己，但是输给了时代。

为什么大家会有这样的结论和感受？这是因为影响绩效的因素从
组织内部移到了外部，此时不是分工的问题，而是能否做到组织之间
的协同，能否和别人合作。如果你没有能力和外部合作，就会被淘汰。

今天有一个很重要的概念叫"数字化转型"。数字化转型到底转什么？它是基于两方面的转型：一方面是基于为顾客创造价值的战略端、业务端，另一方面是基于组织端。

在数字化转型的组织端，内外部同时进行：

从内部看，要形成企业整体的协同效率。人力资源必须能够高效匹配企业战略。在大部分的专业领域，也许智能化和数字化可以解决，但唯一不能替代的是真正让组织成员与战略之间能够高效地契合匹配。

从外部看，几乎所有组织都要讨论一个话题：平台化或生态化。没有一个组织是孤立的，要么在一个平台里，要么构建一个平台；要么在一个生态里，要么构建一个生态。

组织价值重塑的五个根本性改变

以上这些调整，带来了组织价值重塑的五个根本性改变。我相信很多企业的实践已经走在了前面。过去 10 年来，我用数字化作为一个脉络来研究组织的重塑和组织的发展，对几十家数字化转型的领先企业进行了调研，它们鲜活的实践让我理解，在这些变化中我们到底做了哪些事情。

1. 从管控到赋能

在管理中，我们习惯于控制，可是今天实施控制会遇到两个难题：第一，员工不愿意被你控制；第二，在一个变化的环境中，想要控制比我们想象的要难得多。

从管控转向赋能，我们可以做三件事情。

第一，给予更多的角色和机会。很多企业家和管理层认为赋能就是教员工，但真正的赋能是提供员工角色、机会和岗位。人是在岗位中成长的，学习可以帮员工成长，但真正的成长必须在责任之下，必须给员工岗位、机会，并尊重这个角色付出的价值贡献。

第二，给予很高的身份认同。通常我们喜欢的身份认同是管理者，好像当了管理者就会比较被认同。但如果你愿意给予更多的身份认同，比如专业的身份认同、绩效的身份认同、有特殊贡献的身份认同，你就会发现，更多的人被赋能成长，他们的机会也变得更多。

第三，工作场景让员工取得收获，使其更快成长。

因此，从管控到赋能，管理层需要真正做出改变，并做好以下五件事情，在日常管理中赋能：

- 让员工分享自己。员工分享自己是一个自我赋能的过程，因为在该过程中他也是在总结自己的知识，认真了解他与工作目标和工作绩效之间的关系。
- 让大家得到授权，让员工更放心、更有资源地去做事情。
- 提供更多岗位。
- 进行有效沟通。
- 上下同欲，集合众人智慧。

2. 从科层制到平台化

什么情况下用科层制，什么情况下用平台化？所有的组织结构都是为支撑业务的，所以，如果你的业务依然追求规模、成本、竞争力和品质保证，科层制依然是最好的选择。

所有的管理手段和管理选择，都要服务于经营，服务于目标，服务于战略。如果你的战略、经营目标就是追求品质、规模和成本，依然是科层制比较好。

平台化解决另外两个问题：统一性与多样性、稳定性与灵活性。当你想要稳定性又要灵活性的时候，平台化的管理就会出现。今天的外部环境需要你是灵活的，能够随时应对各种变化，所以我们不得不谈平台化的问题。

我想给大家一句话，你不一定是一个平台型组织，但是你必须得有能力做平台化的管理。今天，所有企业都需要处理复杂性。

3. 从分工到协同共生

企业的价值活动会受限于它的能力。讨论一家企业的能力，我们主要关注三样东西：资源、流程和价值观。今天，你得到的资源、流程和价值观都有一个非常重要的要求——跟上顾客价值的变化。今天，顾客变了。

现在的顾客价值，要求具有更广泛的协同力量才能实现，所以你必须做一些调整，把组织看成整体，不能分割去看，而且这个整体必须和顾客在一起。

综合是管理真正的精髓。你是在一个协同共生的体系中，而不是在一个孤立的体系中。一个综合的运行系统，彼此要协同；和顾客在一起，你需要与外部协同；成员之间要上下同欲，也就是内部文化必须是共识性的文化；组织和环境之间也必须是一个共生的关系。

4. 从实现组织目标到兼顾人的意义

在过去的组织管理中只有一个目标，就是绩效，整个工业化时代基本上就是这个逻辑，但今天我们必须完成另一件事情——让人在组织中有意义。如今，个体不愿意成为组织的螺丝钉，只为组织绩效去努力，他必须感受到个人的意义。

如何让人在组织中变得有意义？我建议先解决两件事情：碎片化和虚假繁忙。

我特别喜欢用的一个词"虚假繁忙"，它与流行词"内卷"实际上是一样的，指的是你在做一件与目标和绩效完全不相关的事情，却做得精益求精。所以你会发现，你非常忙，非常努力，但实际上没有任何意义。

所以我们就要讨论如何避免虚假繁忙，让你的创造与责任和价值组合在一起。因此，我们要特别关心你的创造力，而不仅仅是你的胜任力；你的工作场景也会变，我们要讨论的是学习成长，发挥创意；我们要管理员工的期望，真正地把人的价值释放出来。

在这个背景下，员工与组织之间需要有一个共享价值的设计。员工与企业共享价值包括三个方面的问题：

第一，员工的价值定位。很多时候我们会发现，企业比较在意自己的价值定位，但没有去在意员工的价值定位，没有办法让员工真正感受到自己在组织中成长的乐趣。

第二，员工与企业的契约关系。员工与企业之间的契约，不仅有经济契约、劳动合同，还有两个很有意思的契约：一个是社会契约，另一个是心理契约。

第三，分享的设计。分享的设计包括财富、权利、机会等的分享。

5. 知识革命与组织学习

这是我认为在组织管理中最需要大家关注的部分，之前的组织管理不讨论这个话题。前面讲的四个变化，是在传统的组织管理当中的转化。今天的组织管理有一个最大的挑战，就是组织能否跟上变化。

组织如果要跟上变化，这个变化的核心驱动力量是知识。为什么是知识？未来是创造出来的，它不是一个预测，也不是一个过去的延展，它是一个全新的创造，而创造的核心力量是知识的更新以及知识能力的积累。今天的知识已经是生产力要素之一，它不再局限于一个名词，而扩展为一个动词。

过去100年间，为什么整个经济发展和社会财富增加得如此之快？因为经历了三次革命，用德鲁克的划分方法，它们分别是：第一次是知识被应用于工具、过程和产品，叫工业革命；第二次是知识被应用于工作，叫生产力革命；第三次是知识被应用于知识本身，叫管理革命。

沿着德鲁克的逻辑走到第四个阶段，我把它称为知识革命阶段，知识正在迅速成为首要的生产要素。

今天，人工智能、数字化、生命科学，将被淘汰的其实是没有知识的人，这实际上是一个根本性的革命。前三次工业革命，机器不是用来淘汰人的，而是用来帮助人的。你跑得不够快，我给你火车、汽车；你运转得不够快，我给你电脑。但是，在智能时代和数字时代，机器是用来优化的。如果你的知识系统不够，你就会被淘汰。

在今天的组织中，唯有知识可以让你面向未来。我可以很明确地说：学习者掌握未来。我创立"知识实验室"也是为了去做这件事情，即通过组织学习，拥有面向未来的能力，这样组织才可以真正地成长，坦然地面对未来的挑战，使创新得以实现。

结语

我跟大家讨论的核心话题对于今天的企业来说是最难的一件事情。今天的组织必须有三个最重要的呈现：

- ◑ 组织必须更有灵魂，不能只是赚钱。
- ◑ 组织必须更有意义，让组织和人都有一个非常好的意义，实现价值的连同。
- ◑ 组织必须更有成效。组织的根本核心是产生绩效，没有绩效的组织是没有生命力的。

今天，优秀的个体都不愿意在一个没有灵魂、没有意义、没有创造的组织里工作。今天，每一个产品、每一种商业模式，其实都要指向让人类的生活变得更美好、给生活提供更大的便利。

我曾经研究那些真正具有影响力的公司到底为什么有影响力，结果发现不是因为它们规模大，不是因为它们具有野心，也不是因为它们有资源、能够创造，而是因为它们能够解决人类的实际问题，赋予人类一个美好的未来。今天去看万亿元市值的公司，你会发现它们给出的是关乎人类未来的可能性和机会。

我们进行组织管理时，最应该关注的是什么？

最应关注的是，你能不能创造一个更有灵魂、更懂意义、更具创造力的工作场所，让更多人来到这个工作场所中，为推动人类的进步和社会的美好，创造他们的价值。这样的新组织和新个体才是今天我们所必需的，并要去实现的部分。

彭剑锋：量子思维下，新型组织的八个特征

我们所处的时代变了，正从工业文明时代进入数智化与产业互联网时代。

数智化与产业互联网不仅是一场技术革命，更是一场客户价值创造与获取方式的革命，是一种人类社会的人机物三元融合的新生产方式，是一种新产业组织方式与新生活方式。要适应这个新时代，企业领导者需要进行认知与思维革命，从企业、战略到组织都要有新的思维，不能用新概念包装旧思维，不能"新瓶装旧酒"。

放弃 KPI 选择 OKR 的背后

过去在工业文明时期，大量的东西都是确定的，战略思维是连续性的，可以"先瞄准再开枪"。集中配置资源于一个业务或项目，这是一种单向聚焦思维，类比为把鸡蛋放在一个篮子里。

在产业互联网时代，整个大环境是不确定的，要"先开枪再瞄准"。但这不意味着不要瞄准、否定聚焦，而是强调动态聚焦、迭代聚焦，在动态过程中进行迭代，将战略调整到最佳状态。也就是，可能要把鸡蛋放在六个篮子里，在探索过程中一旦发现哪个业务领域代表未来趋势，就把其他三四个篮子拆了，把鸡蛋合并到最有希望的篮子里，然后再去聚焦。

这也是为什么当下很多企业的绩效管理体系不再采用 KPI，而是采用所谓的 OKR。因为在许多高科技及互联网企业里，业务模式是不确定的，需要在探索中迭代，每个星期都可能进行业务回顾，定期进行战略调整。战略的探索，一方面来自企业家的洞见，另一方面来自

一线的探索，上下结合，全员对齐。目标值及阶段性成果也会随着战略进程进行迭代修正或优化。同时，通过激发组织中每个人的潜能，使目标变得更富有挑战性，以及具有在不确定性中的动态调整性。

所以，战略业务创新往往不是来自高层，而是来自底层与小人物的探索与智慧。战略不是来自战略职能部门的预先规划，而是来自一线的创新。形象地说就是，从 0 到 1 的创新往往来自外部协同创新平台或企业内部一线员工创新团队，企业家与高层负责去识别或找出哪个从 0 到 1 的创新能够代表未来趋势，然后集中配置资源与能力，从 1 做到 10、从 10 做到 100。

这不是说企业高层、企业家就不重要了。虽然有算力、算法为决策提供支撑，但在不确定的大环境下，企业战略更依赖企业家的洞见力与直感，更需要焕发企业家精神，更需要组织平台具有集中配置资源与专业赋能的能力。

这就使"组织平台化 + 自主经营体 + 生态"成为一种主流的组织模式——发现战略机遇，为战略性新业务赋能。例如，苹果公司通过建设开放式创新平台系统，让全球的开发者都来进行从 0 到 1 的创新，无数从 0 到 1 里会诞生具备未来可能性的机会。这种机会一旦被识别和发现，就会被置于苹果的业务创新与赋能平台上，一下子就能从 1 做到 10、从 10 做到 100 了。

同时，众多企业的组织能力建设，基本沿着向上与向下两个方向进行，即养兵能力与用兵能力是分离的。一是上升组织的"平台化能力"，主要包括集中资源配置能力、专业赋能能力、战略协同能力、风险控制能力四大能力；二是下沉一线"集成作战能力"，让听得见炮声的人来决策，一线依据流程向平台呼唤资源与炮火。

组织逻辑进入量子时代

传统企业未来一定会走向产业互联网，但工业文明时期和产业互联网时代对企业组织的需求不一样。

工业文明时期的组织遵循的是原子思维，是在封闭、静态的环境中运行的。它首先强调分工，其次强调专业职能，然后划分职责，讲边界、讲秩序、讲规则、讲人岗匹配，这些是工业文明时期组织成功的核心要素。

产业互联网时代的组织遵循的是量子思维，核心要素是连接、关系、场景、能量。它首先要创造连接，尤其是深度连接，连接得越多，大数据就越多；数据越多，越能形成场，形成的场的能量就越大。就像量子力学的场理论一样，能量越多，产生的核聚变、裂变的力量就越大。这就是我主张不要简单批判流量的原因，对于产业互联网来说，流量仍然是重要的。流量就是能量场，它仍然是整个组织的基础。

在工业文明时期，技术与市场可以是分离的；在产业互联网时代，技术就是市场，市场就是技术，技术和市场如同量子力学的二象性关系，二者缺一不可。由此，组织的运行机制也随之发生变化，不得不走向开放。产业互联网时代的企业一定是线上与线下的高度融合，也不存在绝对的软件企业或硬件企业，而是软硬结合，重资产与轻资产融合。

产业互联网时代的企业组织也一定是融合的、开放的、生态的、利他的。企业能量越大，吸附的能量就越大；企业没有能量，没有优势，没有长板，没有核心能力，在整个社会生态系统之中就没有价值。

以日本企业为例，它们代表了工业文明时期的封闭式产业价值链，十分辉煌过，但它们不是开放的，缺少生态思维，也就跟不上产业互联网时代的节奏。它们往往技术领先，但不开放，本土又缺少足够的市场，空有技术领先，难以形成产业优势。这也是日本企业技术好、产品好，但形成不了经济发展势能的原因。

虽然我们现在倡导民营企业要走专精特新的道路，要向德国、日本企业学习，打造隐形冠军，但我认为德国、日本企业不代表产业互联网时代企业的发展方向。德国、日本企业将产品做精、做好的文化值得我们学习，但德国、日本企业没有产业互联网基因。真正的产业互联网企业还是以美国和中国企业为代表的，我们还应虚心向美国企业学习。德国、日本企业代表的是工业文明时期的发展模式，而非产业互联网时代的专精特新。实际上，中国现在提出专精特新，是要为它赋予产业互联网时代的新内涵。

总而言之，在产业互联网时代，组织逻辑已经发生了革命性的变化，很难用工业文明时期的原子思维来解释。组织必然走向量子时代，企业家和管理者也必然拥抱量子思维。

新型组织的八个特征

产业互联网时代的新型组织也可以叫作量子组织，我将其特征概述为以下八个方面。

1. 全新的四个"结构"

量子组织呈现出扁平化、网络化、去中心化、无边界的特征。

"扁平化"，是指压缩、简化传统牛顿式组织的金字塔式多层级结构，去中介化，让组织决策者近距离接触一线、接触用户，以实现信息的高效传递和流通。

"网络化"，是指对内打破部门与部门、层级与层级之间的界限，对外突破组织与组织之间的壁垒，让组织中的每一个人、价值链上的每一个组织都成为信息传递和协作网络中的一个节点，最终实现组织内外主体之间的资源共享、价值共生。

就像阿里巴巴前执行副总裁曾鸣所讲的，任何一个企业的战略定位和组织人的定位都是在整个社会协同体系之中。"要找到自己的定位，成为信息传递和协作网络中的一个节点，从而实现组织内外、主客体之间的资源共享。"这也是陈春花老师所讲的价值共生。

"去中心化"，并不是指一个组织没有中心，不要中心，而是指组织中的任何单元和个人都可以成为中心。在这种状态里，组织的中心已经分布到各个单元和节点中，形成了多个中心，而且任何一个中心都不是固定和永久的，而是阶段性的，是随着任务和环境的变化而持续变化调整的。组织随什么而动？随客户需求而动，随市场而动，要真正以客户为中心，拉通组织职能与流程。

"无边界"，是指通过边界的开放与可渗透，让组织可以展开深入和广泛的外部协同，对内外部资源进行整合利用，实现组织的虚拟化和开源化。在某种意义上，甚至整个组织都可能是虚拟化的，比如人才不再是终身雇佣制，可以是不求所有、但求所用，这就从所有权思维走向了使用权思维。

2. 混沌之中有序

未来的组织是混序的，这不是简单的二元对立思维，即有序或无序，而是无序之中有序，有序之中有乱，在有序和无序之间不断调整。

过去的组织是有边界的、稳态的，有严格的等级秩序。未来的组织是用户融为一体的生态型组织——你中有我，我中有你，乱中有序，序中有乱，我们称为"混沌之中的有序"，也有人称未来的组织是"混序组织"。

举个例子，2008 年北京奥运会开幕式上有很多整齐的方阵，展现的是纪律、秩序、整齐划一，这像是传统组织形态；2016 年巴西里约奥运会，整个场面看上去很乱，但整体看似杂乱，实则有序。

如果用传统视角来看阿里巴巴、字节跳动，有时你会觉得它们有些乱，但你又不得不承认它们是有序的，业务在发展，企业在成长。就像我们看一个现代生态园，有参天大树又有小草，这是一种自然的秩序；园里的绿化非常整齐，这是一种人为的秩序。像阿里巴巴、字节跳动这类企业看上去乱，但实际上恰恰是一种自然的秩序，它是混沌的，虽打破了平衡，却充满了活力。

在混序中，内卷是必然的，可这种活力与价值完全超越了内卷所带来的问题与损耗。这也如任正非说的，保持方向正确，一个公司只有在稳定与不稳定、平衡与不平衡间交替进行，才能保持活力。

现在还一种说法，未来的企业全是跨界的。错！未来的企业恰恰在该有边界的地方比以前更有边界，在该跨界的地方更跨界，也就是说，守界与跨界是同步进行的。组织可以随时调整结构、变化模式，最终变得更灵活、更敏捷。

未来的组织就像变形金刚，随着市场与客户需求的变化，它可以呈现为任何一种形态或多形态并存，而不会执着于某单一形态。

3. 自组织，人人创造价值

量子组织扁平化、网络化、去中心化的特征决定了它的自组织本质。个体和团队都不再是传统组织中，基于明确的分工体系而固定在某个岗位、某个角色上的螺丝钉，而是拥有多种技能、多种身份的创新者和创业者。每个人都是价值的创造者，都可能成为价值创造的中心。

现在的许多高科技企业与互联网企业，比如字节跳动、腾讯、阿里巴巴等，内部就呈现了自组织特征，依据客户需求、工作任务，自动形成一个业务创新团队，然后慢慢地自演化、自进化，内生做大，就是我们所说的自组织、自适应和自演化。

不少专家认为，未来的组织要承认个体力量，其实我认为既要承认个体力量，又要承认群体智慧，这两者是不可分离的。不能说个体力量决定一切，即使是个体力量极强的"网红"，背后也有庞大的组织在做支撑。自组织一定是有广泛的参与，既推崇个体创造，又创造集体共识；既强调个体力量，又强调群体智慧；既重视规则约束，又倡导理智和谐；既具备稳定标准、边界规范的特征，又保证组织内各成员间和谐共荣，而且与外部的各利益相关者之间团结协作。

4. 拥抱悖论，兼容并包

《基业长青》这本管理学名著通过对18家卓越企业的研究，最终得出结论：一家真正伟大的公司一定不会用非此即彼的二分法使自己变得残酷无情，而是会采用一种兼容并蓄的"融合法"，即同时拥抱若干矛盾和悖论，让两种表面冲突的力量在组织内部同时并存：它既能务实地追求利润，又能切实地践行理想；既有稳定持续的价值坚守，又能勇敢果断地行动变革；既有明确清晰的方向和目标，又能灵活机动地探索和实验；既坚持长期主义的理想信念，又在短期内有优异表现……

兼容并包和矛盾整合是一家卓越公司的典型特征。一个具有高度"矛盾整合"能力，能够充分做到"鱼和熊掌兼得"的公司，就是一度成为全球市值最高的媒体公司网飞（Netflix）。表面看来，网飞是一家"温情脉脉""关怀备至"的公司：它的工作流程非常简化，甚至没有绩效考核；员工可以自由地选择休假时间，而且对具体期限也不做限制。然而与此同时，网飞又奉行规矩严格、宁缺毋滥的做事原则，比如会不断提高筛选人的标准，提高智商密度，因此会随时撤换表现一般的人。

在网飞看来，一家想要保持发展和成长的企业，一定会将表面上宽松亲和、实质上严格约束有机地结合起来。"宽松"与"亲和"表面上看起来是一对矛盾，但它们实际上相辅相成，并行不悖。

5. 重视员工的强参与

新组织既强调员工是主体，又强调群体智慧；既注重员工的独特性和独立性，又强调让员工放光彩。

过去我们说，要么是旁观者，要么是参与者。现在旁观者也是参与者，参与者也是旁观者，一定是叠加的。每个员工都是组织价值的创造者，不仅对组织拥有主导权，对组织的发展和他人的进步也负有责任。

近年来非常流行的"游戏化管理"的本质，就是通过在工作任务中设置清晰的目标、明确的规则以及公平的反馈，让员工成为积极的参与者。

6. 发挥精神和意义的作用

过去强调物质力量大于一切，传统组织常常会通过控制员工的品位、需求和欲望，缔造出"我们的所有需要都可以用物质来填满"的假象。但在物质财富极大丰富的当下，精神和意义的作用已经远远超越物质，成为激发员工并实现自我驱动的重要源泉。

现在出现越来越多的知识型员工，他们更追求精神力量、使命、愿景和意义。企业通过为员工提供更好的机会，让他们获得更开阔的视野，拥有更高的境界，这可能会比物质力量更重要。

越来越多的大型知名企业也都认为自己售卖的不仅是"产品"，更是"意义"。比如，可口可乐售卖的是乐观的生活态度，百事品牌代表的是年轻人的"无限渴望"，维珍售卖的是青春和打破传统的理念，苹果则代表一种极简的智能生活的理念……

7. 专注过程，把握当下

新组织特别强调专注过程，我们叫它持续的奋斗，持续的生存，激发潜力；强调立足当下，把握此时此刻。每个人把现有的工作做好，做好现在就有未来。

竭尽全力把握当下的每一瞬间，就在于"此时此刻"踏踏实实地做每一件事，把每一天都当作生命中最后一天去生活，这才是每个人、每个组织应该把握的正确的生活和工作方式。

8. 组织和员工是三类"共同体"

组织和员工不仅是利益共同体，更是事业共同体和命运共同体。

利益共同体指的是员工和组织相互配合，取得业绩，然后员工拿奖金，企业增业绩，彼此帮助，彼此成就；事业共同体就是员工和组织一起开创方向，组织和员工共担风险，共享收益；命运共同体则是员工和组织基于共同的愿景和目标走到一起，共同投资，共享收益，而且员工会全力投入，甚至将"身家性命"都压在他和组织的共同事业上。

与此同时，在当前这个万物互联的共生时代，随着组织内外部关系的进一步加深和拓展，组织走向"生态化""绿色化"也成为必然。企业应将自己的发展与人类境遇、社会文化、自然环境紧密结合起来，同时担负起人类进步、社会发展、环境改善的职责和重任。

穆胜：组织调整的五种套路

经济增长进入存量时代，沐浴红利的企业好日子到头了。不少企业开始把"被动技能"发挥到极致，进行组织调整。这种调整方向是对的吗？会带来什么结果？能不能达成企业最初的目的？

为何组织调整

当下，99.9% 的企业采用的都是金字塔组织模式，所谓"组织调整""组织变革"或"组织转型"，无非出于两个目的：

一是降低显性和隐性成本。所谓显性成本，就是人员直接的成本费用，既包括人工成本，也包括人在岗位上需要花的钱。所谓隐性成本，就是官僚主义形成的成本，比如部门墙、隔热层、流程桶、真空罩等耗散掉的成本。

二是提升信息上传、指令下达、横向协同的效率。通用电气前掌门人杰克·韦尔奇说，当中间层级过多时，企业就像一个人穿着厚厚的毛衣，无法感知市场的温度。同样，当企业分工过细，每个部门都有自己的本位主义时，协同就一定很麻烦。层级和分工让企业变得笨重，精简组织自然可以得到看似敏捷的效果。

企业在遇到麻烦时，组织调整是最立竿见影的，这是一种取悦华尔街（泛指资本市场）最简单直接的办法。既减少了成本，美化了财报，也让人对企业的未来充满信心。所以，CEO接任了一个业绩不佳的企业后，前三大任务中，一定有一大任务是组织调整。

其实，采用金字塔组织模式的企业，进行组织调整的行动无非也就那么几种，我们可以称之为"套路"，这些"套路"并不复杂。

套路1：重组前台部门

前台部门，就是打粮食、赚利润的部门，财务上定义为"利润中心"。

对它的调整分两类：一类是防守，即裁撤低效率的前台部门或单元，俗称"关停并转"；另一类是进攻，即集中资源将原有部门整合为新部门，校准目标市场，俗称"聚焦火力"。当然，更多的时候，两者是同时启动的，一边拆旧的，一边建新的。

市场总在变化，有新市场出现，有旧市场被证明是无效的，这就必须在组织上重新派兵布阵。如果考虑到当前市场的超级不确定性，企业频繁进行前台重组就很好理解了。典型的例子是美团，在王兴的战略布局呈现全貌之前，各业务模块一直调整，有关的、有建的、有分的、有合的……这是因为每个阶段，王兴对用户的认知都在迭代。

先说"关停并转"。出现"关停并转"，大部分企业都是因为市场整体缩量。近期，新城控股将旗下住宅开发的 14 个大区与商业开发的 4 大区域，整合成 10 个大区。花样年集团也将 5 大区域之一的华北区域关停了，业务进行了属地化划转……其实，这些都是房地产市场在宏观调控下企业的自然反应。相似的消息来自互联网企业，2021 年下半年，字节跳动在教育、游戏、本地生活、房产业务上均被曝出裁员，这也是在"关停并转"。

再说"聚焦火力"。这种调整还是因为对于市场的理解发生了变化。2021 年 12 月 6 日，阿里巴巴宣布设立"中国数字商业"和"海外数字商业"两大板块。据了解，内需、全球化、大数据和云计算是阿里巴巴的三大战略，成立相应的部门来对接战略，显然是必要的一步。以"中国数字商业"为例，其整合了大淘宝（包括淘宝、天猫、阿里妈妈）、B2C 零售事业群、淘菜菜、淘特和 1688 等业务，显然是为协同各模块的优势资源，针对用户群提供一体化解决方案，这大有和几个主要对手刺刀见红的意思。

是"关停并转"还是"聚焦火力"，关键在于对市场的判断，这是一切的原点，它决定了企业应该如何动刀。对于这一块的调整，老板往往是最坚定的，因为这个领域的"组织"直接映射出他们看到的"市场"。他们的预设自然是：简单调整组织之后，就能匹配市场需求，产出业绩增量。这种设想问题不大，现实的确如此。

其实，对前台部门的调整，最能看出老板的性格。有的老板是既要、又要、也要、还要，一边设立新部门，一边又舍不得取消旧部门，导致有限的兵力像"撒胡椒面"一样分散在不同的市场里，结果自然是一团糟。这种老板，要么是对市场没有判断，要么是性格唯唯诺诺。

套路 2：重组业务中台部门

业务中台部门，就是提供业务共用件支持的部门，财务上定义为"成本中心"，如销售中台、市场中台、供应链中台、生产中台等。[⊖]

对它的调整也分为两类：一类是防守，即从业务部门中抽取共用件，组建或做强业务中台部门，俗称"建中台"；另一类是进攻，即将业务中台部门的部分职能下放至前台部门，精简中台架构，即"拆中台"。

先说"建中台"。当前台业务发展比较稳定之后，企业通过"建中台"来收权是必然的。这既是为了管理的规范性，也是为了管理的经济性。

举例来说，原来不同业务部门都要单独配销售部门，但业务稳定后，发现面对的客户群都是一个，销售力量可以整合为一个团队，面对统一客户群销售全系产品，此时就需要设置销售中台。这种调整的结果是：一方面，销售策略和流程统一，规范性提升；另一方面，销售人员变少了，销售空间变大了（向一个客户销售多种产品），经济性提升了。

再说"拆中台"。当前台业务发展处于探索期时，企业通过"拆中台"来授权也是必然的。这既是为了企业的灵活性，也是为了客户的体验感。

举例来说，原来企业用大一统的供应链部门来为业务提供支持，但发现各地的业务场景不同，统一的供应链服务无法满足客户需求，

⊖ 其实，叫不叫"中台"这种时髦词汇并不重要，这种抽取前台共用件组建部门的方式就是组织设计的基本原理，并不是数字互联网时代的专属。

此时就需要让供应链职能下沉到前台。这种调整的结果是：企业能够根据当地市场的需求进行供应链调整，更好地满足客户需求。

阿里巴巴此次新设两大板块，张勇也宣布公司升级"多元化治理"体系，并称初衷是"为了在各个业务领域用更清晰的战略蓝图、更敏捷的组织面向未来，真正创造长期价值"。这种敏捷组织的实现，就是靠向事业群或事业部进行大幅度授权。在阿里巴巴2015年开始施行的"中台战略"之后，"多元化治理"成为其全新的组织战略，其实就是一种物极必反的必然。

"建中台"还是"拆中台"，关键仍在于对市场的判断，这依然是一切的原点。当然，每种调整都是选择一边，放弃另一边。

选择"建中台"，看似拥有了管理规范性和经济性，却可能造就更大的官僚，自然无法灵活应对市场，无法提升客户体验。例如，2010年，海尔在改造"倒三角组织"时，曾经尝试将若干职能放入二级经营体（也就是现在所谓的"业务中台"），向前台的一级经营体小团队提供服务，结果前台的"小团队"根本无法驱动中台的"大部门"，自然无法灵活作战。类似例子并不鲜见，2000年前后，中兴通讯也有过类似的经历，中兴通讯的一名中层称："（中台）体系里都是大爷，要调动资源得使出十八般武艺。总之，爱哭的孩子有奶吃。"

选择"拆中台"，看似拥有了企业的灵活性与用户体验感，却造成了前台部门的失控，也会浪费大量的成本（人工和其他）。例如，我观察或服务过的大量企业都会因为执着于增长而大量放权，结果却造成了前台部门的"藩王"思维——我就是给集团"交点租子"的独立王国，这是老板最不能接受的。除此之外，授权之下前台部门的"疯长"也是必然的，形象点说，放出去的时候是一个"连"，收回来的时候就是一个"军"了。

套路3：职能后台瘦身

后台部门，就是确定企业游戏规则（人、财、法等的规则）和提供底层资源的部门，财务上定义为"费用中心"。

随着业务规模的增长，企业必须有清晰的规则和充足的资源，后台职能部门的扩张是必然的。但这种扩张应该的下限在哪里，上限在哪里？一般企业是说不清楚的。而职能后台又是掌握权力的部门，它们要编制相对容易，"精细分工实现专业化"又是一个再好不过的理由。于是，这个部分的臃肿是必然的，没有例外。

根据穆胜咨询《2021中国企业人力资源效能研究报告》，中国企业职能后台的扁平化指数普遍低于1，人员超配现象非常严重。对于有些企业，我们都不能说这个"金字塔"是大了还是小了，根本就是"埃菲尔铁塔"。夸张点说，这个领域冗余无限，大胆砍，问题不大。

事实上，已经有企业在行动了。2021年12月7日，字节跳动正式撤销人才发展中心。

字节跳动张一鸣在内部邮件中提及："一是发现现有团队与公司的需要脱节；二是团队累积的技能和经验，一段时间内不太符合公司的需求方向。"他进一步强调："从组织精干的角度，我们不仅要review[⊖]个体与团队的产出是否足够，也要复盘和反思'职能'本身是否有价值，如何发挥价值。"还有一句让人背脊发凉的点睛之笔："对着职能去肥增瘦，可能才更加有效……"

朋友们可以扪心自问，我们把上面的字节跳动换成其他互联网大

　⊖ 意为"审查"。

厂，换成自己的公司，张一鸣的话又是否成立呢？

职能后台做大了，必然"骚扰"业务，但职能后台瘦身就一定合理吗？其实也不尽然，这种瘦身也可能让职能部门变得更加弱小，只能用更加"一刀切"的方式来应对业务需求，导致企业"龟缩"，限制业务成长。

当然，不少老板之所以坚定地"砍"后台职能部门，还是因为他们的强烈不满。他们认为，原来职能部门就是"一刀切"的管理方式，这种瘦身并没有带来管理上的任何损失，相反，让它们变弱就是在让前、中台变强。

但我想说的是，这种方式并非长久之计，职能部门的弱小会让企业变成四肢发达、头脑简单的物种。砍掉无效的职能部门或局部模块，没有问题，但企业更应该思考如何建设有效的职能部门，这才是正解。

套路 4：调兵遣将

如果说前面三个套路都是"排兵布阵"，那么后续的动作就是"调兵遣将"。

伴随着企业组织结构的调整，干部调遣是必然的。组织调整有个默认规律：如果干部不挪窝，他们还会有原来的本位主义和思维定式，新部门依然会用老方式来运作，组织可能就白调整了。干部挪挪窝，可以让大家对工作产生新鲜感，以全新的思维和状态开展工作。

至于在挪窝时如何调遣干部，逻辑就简单得多了，无非按照他们的特点把他们安排到最能发挥特长的位置。通俗点讲，大将带精锐打大仗，小将带散兵打小仗。老板一方面要分清楚仗的大小，另一方面要认清楚将的大小，哪一方面没有做好，调兵遣将都会是一团糨糊。

调遣干部时，最能看得出老板心中业务和干部的分量。说玄妙点，有人升了，实际降了；有人降了，实际升了。组织调整之际，一些隐蔽的用人安排，把老板的心思放到了台面上，谁是老板的人，是不难看出来的。

当然，调兵遣将还有两层深意：一是"干部换防"，防止干部在一个地方待久了形成山头主义，出现"下面听大哥的不听老板的"；二是"培养人才"，让干部经历多岗位的历练，提升格局，加载技能包，将来可担大任。

调兵遣将并不仅仅是在现有干部队伍中调整，还必然伴随着老将离岗和少将上位。少将上位是好事，但老将如何离岗？这个也有套路。大量企业习惯建一些空闲部门，如人才储备中心、参谋部、蓝军等，把一些不用的将放进去，既为其保留了待遇，又为其维护了尊严。这也是一种有人情味且能减少阻力的处理方式。

套路5：文案"上价值"

除了上述四种实际的调整，用文案"上价值"也是老套路，不足为奇。

千万不要觉得这是虚招儿，对于组织调整这种大事情，要给每个员工解释清楚理由是很难的，喊口号是比较简单有效的方法。

最会抛文案的，当属万科。2018年，万科喊出"活下去"的口号，引起房地产行业一片哗然。2021年，万科继续上文案，高喊"节衣缩食""战时氛围"，在这种文案开路下，悲凉的氛围感拉满，排兵布阵和调兵遣将都不是问题。

相较之下，花样年集团喊出"瘦身""给组织减脂、去臃肿"等文案，就显得平庸多了。仔细分析万科的文案，有 50% 以上都是对仗工整的，尾音还全部单押。例如，"船长水手一条心，同心同路向前行""明确目标不慌张，时刻准备打胜仗""全力以赴不撤退，要事优先靠智慧"……文案有个特点，一旦押韵，就显得特别有道理。这波文案，万科再次笑傲地产圈，职能部门的文案写手值得表扬。

有意思的是，在万科股东大会上，集团董事会主席郁亮澄清："这个倡议书是万科总部年轻员工自发做的，不是管理层要求的。"这个澄清完全没有必要，有经验的朋友都应该清楚，这么大的动作，还有谁能组织？唯有"组织"嘛！

除了上述有关组织调整整体氛围的文案，我在这里也整理了一些局部调整的文案，都是互联网大厂提到过的，铿锵有力，供大家"抄作业"：

- 前台部门调整——校准目标，饱和攻击，重装上阵，以用户为中心……

- 业务中台调整——赋能一线，服务意识，交付意识，产品意识，下道工序就是用户，一站到底……

- 后台职能调整——精兵简政，去官僚化，原动力，炮火支持一线……

戳穿套路

绝大多数企业高层都很清楚，上述套路式的调整只是一次次折腾，一定可以达成短期效果，但也会形成新的问题，就像每种美好都有"月之暗面"。从这个意义上讲，所谓组织调整只是一次次地在收权和放权、裁撤与新建之间"循环折腾",始终没有跳出金字塔组织模式。

但与此同时,他们必须让员工对这些调整充满希望。例如,阿里巴巴张勇称:"希望通过更多新型治理方式的探索,始终用生产关系的先进性来驱动先进生产力的释放,用组织的创新驱动业务的创新。"真的是组织创新吗?不见得。从调整的逻辑来看,此次的"多元化治理"依然逃不出上面的几个套路。

对企业高层来说,高屋建瓴的话是必须喊出来的,尽管他们的心里也未必认为这是组织创新"真正的答案"。

在陪若干企业经历了一次次的折腾后,我虽然不会否认短期折腾的必要性,但更愿意将目光投向更远的地方。我坚定地认为,"真正的答案"不是上面的套路,而是跳出金字塔组织模式的重生——建立平台型组织。只有这种组织模式才能让部门、团队、个人成为经营单元,在平台的激励与赋能下,用市场化的方式为用户创造价值。也只有这种组织模式,才能让企业同时达成管理规范性、管理经济性、企业灵活性和用户体验感,解出过去那道"无解的难题"。

不少企业认可我的观点,它们言辞恳切地表示自己正在转型为平台型组织,甚至对自己的"新组织模式"给出了更加炫酷的命名。但回到操作上,它们中的绝大多数采用的依然是上述五大套路。说白了,某些互联网大厂所谓的组织创新,只是画了一幅"意境图"。

论人才管理

人才，是组织最重要的元素，能为组织设计注入灵魂。优秀的人才本身就具有灵活性，甚至能够在不完美的组织设计下，用自身的才华为企业披荆斩棘。数字互联网时代，优秀的企业往往一手抓组织开发，一手抓人才管理。而当我们聚焦于人才管理时，又会发现传统的人才管理理念和方法已经脱离时代，很难适配企业的需求。这个时代，人才的标准不同、需求不同，管理方式更是不同。

陈春花以"强个体"的崛起作为突破点，探讨了释放这个群体的创造力需要什么样的人才管理方式。她认为，这个群体需要的是更多的机会、更大的认同、更好的成长，而企业面对这种诉求，要做的不是管控，而是赋能，不是指挥他们往既定的方向成长，而是创造各种机会，让他们成为更好的自己。在她对于这种人才管理方式的刻画中，无时无刻不在强调强个体与企业之间的共生成长的关系。显然，这也是她解读时代的底层逻辑之一。

彭剑锋则从经营环境的"新六化"来对于人才管理进行展望。在他的观察中，战略的生态化、组织的平台化、人才的合伙化、领导的赋能化、运营的数字化、要素的社会化是经营环境的新变化，人才管理必须对这些变化做出回应。在这些更加具象化的环境中，他给出了自己对于人才管理的展望，在这些展望中趋势各自精彩，但又隐约形成了一个新系统。这个系统与传统人才管理模式背道而驰，显然是一套全新的理念和方法。

穆胜将讨论拉回到了具象化的人才管理场景。他认为，大多企业在人才识别标准、人才成长逻辑和人才管理方式上的陈旧认知才是造成人才管理失败的原因。的确如此，商业环境飞速变化，人才管理又怎么能刻舟求剑呢？对此，他抛出了针对性的解决方案，并以精准的数据验证了方案的适用性。

在本章里，三位跨界学者不破不立，分别基于自身的一手经验，讲述了对这一领域的新认知和新实践。借由三双慧眼，我们似乎可以俯瞰未来的人才管理，并尝试将先进理念和方法带入实践。

陈春花：如何理解并重塑今天的人力资源管理

数字时代，全职雇佣时代逐步瓦解，开放连接生态开始形成，个体与组织的"契约关系"发生深刻变化。

在信息技术的加持下，个体价值崛起，很多强个体出现，他们不再是局限于某一具体领域或具体组织的工作个体，他们不只需要薪酬激励，而是在新的组织秩序中，更需要从工作中获得意义感和使命感。

因此，我们不能用传统的、固定的角色和职责来界定管理者或者管理岗位，也不能用传统的胜任力模型和绩效考核模型来进行人力资源管理工作，而是需要人力资源管理做出改变，激活每一个员工的创造力，帮助企业面向未来。

重构人才观，从胜任力到创造力

按传统的逻辑，人力资源部门最关心的是个人的胜任力，不断寻找能够胜任的人，希望合适的人能胜任合适的岗位，资源激励也是为了激发他们完成绩效考核。

但今天外部的环境变了，一方面，ABC⊖技术及自动化程序等逐渐开始替代烦琐的程序性工作，人才会更多参与高创造性的工作；另一方面，工作节奏加快与时间增加，人的工作压力与疲惫感倍增，个体工作的价值感与激活度不够。这种变化对人力资源管理的多元赋能提出了很高的要求。

其中很关键的一点就是，对员工的要求从胜任力向创造力转变，如何创建人机协作、分配人机工作，以及培养员工针对性技能，成为人才管理新世界的重点课题。所以，今天我们需要重新定义人力资源的概念，从胜任力转向创造力，这种改变意味着我们对人才观的理解也要调整。

从人才角度来讲，我们更关心的是，能不能搭建一个平台，让他们拥有知识，让他们真正把企业变成知识驱动的企业；如何在知识渠

⊖ "A" 是指 AI，也就是人工智能；"B" 是指 Big Data，也就是大数据；"C" 是指 Cloud，也就是云计算。

道和平台的概念下，让人才真正发挥作用。

知识社会，企业最重要的价值源于创造力，企业持续的创造力依赖员工的创造力。因此，组织一定要想办法设计新角色，让更多人参与到提升组织绩效当中来，如果不愿意给角色，就没有机会让个体成长。企业要用角色让员工拥有创造力，这非常关键。

传统企业的组织结构比较固定，角色也比较固定。新兴互联网企业或者说数字型企业，它们会设计非常多的角色给到每一个人。当角色变多的时候，其实也就等于员工有更多机会发挥他们的创造力。

当人力资源管理能做到从关注胜任力转向创造力的时候，工作场景中的关键词就不再是命令和权力，而是怎么寻求成长，怎么让大家发挥创意，怎么跟踪现在的技术和市场的变化，然后找到新的可能。

这些理念，一方面是对企业谈，另一方面也是对员工谈。作为员工，如果可以基于知识认知和知识驱动的前提来讨论，我相信你的知识体系也让你能够与企业、与技术提升同步。

这样的人才观会让一家企业的竞争力超越具有传统人才观的企业，而它富有创造力的想象未来也会给这个企业带来非常大的成长空间。

激活强个体，从管控到赋能

过去我们管理中的核心工作是实现绩效目标，但今天来到数字时代，数字技术带来诸多变化，企业的三大焦虑之一就是关于人的问题。

当个人是强个体的时候，他们以个体期望为导向，具有很高的自我效能感，同时他们的胜任力也在拓展，他们与组织不再是服从关系，他们可以自己去流动，而且其基本状态是跨界流动。

所以，在组织管理中，管理者首先要想到人。管理工作的核心就是"激活人"。如果要想激活人，就不能再用传统的管控模式。

我曾经做过调研，也跟很多企业进行过讨论：为什么今天的年轻人喜欢去新创企业或创业企业？因为年轻人认为，在这些新兴的企业或创业企业，人是更加灵活的，是有更多可能性的。而在一个大的机构、固化的结构里，他们没有办法获得灵活性。

我们要求组织功能从管控转向赋能，就是因为我们要关注到人的这个变化，因此管理工作的核心就是激活人。好的组织的管理方式其实就是不断地激活人，让更优秀的人不断加盟进来。

从管控到赋能，管理者可以做三件事：

其一，给予个体更多的角色机会。人是在岗位中成长的，学习可以帮助其成长，但真正的成长必须在责任之下，必须给岗位、给机会，并尊重这个角色的价值贡献。

其二，给予个体很高的身份认同。身份认同包括专业的身份认同、绩效的身份认同、特殊贡献的身份认同，你会发现，给予相应的身份认同后，更多的人被赋能得到成长，机会也变得更多。

其三，在工作场景中让个体得到收获，他们会更好成长。你得给他机会、给他资源，更重要的是得让他成功。

以前在个体与组织的关系中，个体不太清楚自己要做什么，组织告诉他应该做这个，做那个。现在个体变强了，他很清楚要做什么，也很清楚能做什么。如果组织想要留住这些强个体，就需要做以下两件事：

一是赋能。要给他机会，还得配资源，然后授权让他去做，这叫赋能。我们以前是给个岗位，你证明自己能胜任，再给你机会，我也不授权，你得在我的指令下去做，这叫管控，顺序是反的。

强个体没有耐心陪你，他要的是"你得授权给我，这件事我打算这么做，你让我做就行了，不用告诉我应该怎么做"。

二是共生。举例来讲，他说："我要在你这里做三年，然后决定出去看世界，我再回来，你要不要？"原来的企业肯定不要。这就是忠诚度下降，因为他不需要对你忠诚，他认为他与你之间是互相创造价值的关系，不是要依附你过一辈子。

以前你离开我就是对我不忠诚，现在他说要出去看世界让自己变得更强，那么现在的组织就得这样说："你快去吧，记得回来。"否则，你就找不到强个体。遇上那些一来就说"老板我决定一辈子都在这里"的人，你现在反而紧张了。

今天其实就是这样一种状态，你要能接受这些变化和共生，因为组织管理的逻辑，确实变了。

构建新平台，实现员工自我领导

传统的组织管理，为了确保组织目标的实现以及稀缺性资源得以有效使用，信息交流本身就被赋予了权限，也因为层级设计的缘故，成员无法真正做到平等地沟通、对称地交流。

但今天被管理者的角色变了，他们更在意参与决策的制定、对称的信息交流，以及互动的人际关系，因此，组织的平台属性就显得极为重要了。组织的平台属性，表现为信息共享与责任固化。

1. 信息共享

在内心深处，每个人都渴望获得对称的信息，都希望可以真正分享到组织内部的一切，进行坦诚的交流。

互联网重塑了社会与组织，切切实实地改变了人们的生活和工作方式，最大的改变是组织中个体的生存方式发生了根本改变。通过钉钉、企业微信、社交网络等大量协同信息，组织的创造力得到进一步提升，个体也显现出更加独特的价值。如果可以让人们拥有对称的信息，创造力的释放将会带来不可想象的收获。

组织中的每一个人，不论职位高低，能力如何，互联网都会让人在瞬间获得来自各个地方的大量信息，这就使得组织需要提供足够的信息交流机会给每个成员，唯有这样，才可以让成员与组织组合在一起。

2. 责任固化

数字技术改变了个人与组织的关系，改变了个人与组织的力量对比，也同样改变了指导者与被指导者的力量对比。今天的组织，更像蜂巢，CEO 犹如蜂巢中的蜂王，只是一个象征性的存在，每个成员都是高度自治，自我承担职责，组织甚至不再能够界定核心员工，每个成员都需要发挥各自岗位的关键作用。

对于一个组织而言，要让成员之间可以互动，而不是固化在各自的岗位范围内；要让每个成员能够高度自治的同时，又能够与其他人共同工作。这样才可以让他们创造尽可能大的价值。

我曾到微信总部参观，发现那里的工作环境设计得非常宽松，除了有让员工锻炼、交流、休息的场所和设施，更重要的是形成了一种自我管理、自我承担责任与目标的氛围和习惯。在这样的氛围下，员工的创造性得到了充分的发挥。

管理的本质是让员工真正具有自我领导的能力。对于员工而言，真正拥有活力的表现，需要可以表现的平台。因此，企业需要给员工一个自我发展的机会，不是用控制的手段，而是用激发的力量。

释放新价值，获得员工的忠诚度

传统的人力资源管理方式已经逐渐对员工频繁跳槽、人际间冲突、工作倦怠等问题失去了效力。如何对员工进行有效的管理，让员工与企业建立一种信任持久的关系，是管理者必须面对的问题。

相较于过去，今天的员工管理会有更多的挑战，一个原因是价值的多元化，另一个原因是个体自我意识的强化。

获得员工的忠诚度成为一个极具挑战的话题，我有如下五项建议。

1. 设立更高的目标和期望

真正吸引人的企业应该是一个不断挑战自我的企业。当企业能够超越行业标准、引领行业变化的时候，就可以吸引并激发优秀人才的斗志，获得优秀人才的信任，因为真正优秀的人才喜爱迎接挑战。

从这一点出发，留住人才的关键是，不断提高要求，为他们提供新的成功机会。

美的集团的经理人团队是一个被业界广为称道的团队，我曾经见证这些优秀的经理人将美的销售规模从 10 亿元发展到 1000 亿元的历程。他们拥有不断超越自我的理想，以更高标准要求自己并带领下属。他们认为自己所取得的成就来源于公司的不断发展，只有不断超越自我，才能符合公司的发展要求。

2. 授权、授权、再授权

员工最喜欢在授权赋能的企业工作，特别是有能力的员工，他们常常用能够得到的授权大小来判断自己的价值。所以需要管理者尊重他们并给予授权，这样他们就会创造出绩效，同时也会获得很高的工作满足感。

在授权的同时，组织还要愿意给员工提供多方面的支持，这样员工就会为组织的利益付出更多的努力，尤其对于直接接触顾客的一线员工，如果组织能够给他们资源使用权，他们就会第一时间解决顾客的问题。

我个人很喜欢青岛的海景花园酒店，也多次提到这家酒店，缘由是酒店的服务非常贴心和独特。和酒店的员工聊天，你会发现他们之所以这样热心为顾客服务，是因为公司给予了充分的授权，让他们能够及时处理顾客提出的要求，也使得他们能够主动关心顾客的需求。

3. 提供好的经济保障

在同业和市场中拥有高薪资是员工获得认可的一个重要标志。如果员工可以分享到工作成果，并能够因此获得更加美好的生活，他们会受到极大的鼓舞，进而付出全部的努力。

在这一点上，海底捞就做得非常到位，长久以来都是各大商学院 EMBA 课堂中热烈讨论的案例。海底捞的员工称，他们的宿舍拥有"星级服务"：公司为员工安排的宿舍都是正规住宅，保证每人的居住面积；宿舍有空调和暖气，网络、电视、电话一应俱全；宿舍必须步行 20 分钟之内就可到工作地点；宿舍还有专人为员工做清洁。

给予员工好的经济保障，能帮助员工肯定自我，因为人在感受到被关心的时候才会感到自信。能够让员工真切地感受到企业对他们的关心是实实在在的，他们就会跟随企业发展并做出努力。

4. 正向激励

广州一家电子企业为了提高竞争力，制定了一系列奖励制度。例如，到公司工作足够年限就享有公司配车的待遇；每年给员工父母做体检并安排旅游；为了让员工能够和自己的孩子在一起的时间多一些，特别设立了幼儿园等。

这些奖励制度的设立，使员工非常愿意为业绩做出努力。虽然薪资是非常重要的部分，但是光有这一部分还不足够，因为薪资无法带来更大的满足感。如果需要给予员工更大的满足感，就需要提供正向激励，而且让业绩和激励挂钩，使更高业绩的员工可以获得更高的激励，以此带来更大的示范作用，从而激发员工不断超越自己的激情以及共同发展的热情。

5. 学习与交流

大多数员工都明白，要有更好的发展就必须不断学习。所以，能够提供学习与交流机会的企业，就会具有非常大的吸引力。

我尤其强调这一点，是因为今天很多企业有个现象：老板学习的机会太多，员工学习的机会太少。

老板学多了之后，就越学越焦虑，当他就把学的东西带回企业和大家讲时，结果企业里面的人听不懂他说什么，他就更焦虑。员工也很焦虑，因为他们发现和老板的差距越来越大。两者之间无法对话，这种焦虑会破坏整个企业的共同语境。

优秀的企业一定会在员工学习和成长中投入大量的资源。我特别建议大家在企业中要能共同学习，管理者带领员工学，一起讨论企业的问题，共同得到答案，最后形成行动方案，这样能直接赋能员工并促其成长。

如果能这样做，就可以不断形成好的文化、好的学习力、共同的语境，大家成长速度就会非常快。

今天，激活一个人的价值，最好的方法就是让他能真正拥有学习力。当他能够在这个组织中拥有学习力时，就会跟随组织不断成长、不断发展。

结语

在过去的组织管理中，我们强调实现目标和获得高绩效。但在数字时代，管理还要实现一个价值，就是让人在组织中有意义。

人才生态将是数字时代企业创新与产业发展的不竭源泉，人力资源管理的核心是让整个组织充满活力，其中的关键是以人为本，它意味着企业的一切管理活动都围绕着识人、选人、用人、育人、留人而展开。

人是企业最核心的资源和竞争力的源泉，所以，今天的人力资源管理一定要从关注胜任力转向创造力，不断激活员工的积极性和主动性，让他们拥有持续的创造力，协同进行价值创新，这样他们才会创造真正的价值，与组织共生成长。

彭剑锋："经营新六化"与人力资源管理新趋势

当前企业的管理环境越来越不确定，管理对象越来越个性化、复杂化。人力资源管理也越来越渗透到企业战略，进入到企业经营与业务层面。自然，企业对 HRD（人力资源总监）的要求也越来越高，要他们像企业家一样去思考人的问题，洞悉未来、洞察人性、洞见趋势。

在这个变革时代，HRD 必须关注未来企业的商业模式和组织模式的变化。我把这些大趋势归结为"经营新六化"：战略的生态化、组织的平台化、人才的合伙化、领导的赋能化、运营的数字化、要素的社会化。我相信，在这些新趋势里，人力资源管理也会走向新趋势。

生态战略思维与人才跨界融合发展的挑战

5G 之后，互联网将真正进入万物互联的时代，即产业互联网时代，未来的社会必然呈现深度关联、跨界融合、开放协同、利他共生的状态。这是一个看上去混乱、无序，但内在有序的一个生态体系，任何企业都必须有生态共生的战略思维，必须思考自己在整个社会化网络协同体系中的定位。这才是未来企业的战略选择。

未来的企业主要分三类：第一类是所谓的生态圈的构建者，如阿里巴巴、华为、腾讯、小米等；第二类是生态圈的参与者，或者叫被生态者，如小米平台上的生态企业、温氏产业生态中的农场主；第三类是超生态者，即某些垂直或细分领域的隐形冠军，凭借核心技术与能力，可以和各种生态圈的企业去合作、去连接。生态的战略思维对人力资源管理提出了新挑战。

第一，人才必须跨界融合、开放无界。例如，百果园是一家水果零售企业，过去人才管理的核心就是选店长、找服务员。当百果园从传统水果零售商转化成一个新零售商，转化成一个好吃水果的产业生态的管理者时，它就需要在水果原产地、优化品种、开发有机肥料、科学采摘、冷链物流、产品标准化六大关键环节上形成优势，并为产业赋能。这时候，它的人才队伍必须跨界组合，需要上述各个领域里的人才。同时，每类人才的知识结构、能力结构也必须相应跨界。

第二，经营管理人才既要懂技术，又要懂产业，还要懂管理，必须是复合型的领军人才。过去百果园的经营管理人才主要是开店的店长，现在就必须作为平台运营者提供服务。他们必须有新领导力，不是过去那种二元对立的思维，要有生态共生的思维。这时候对企业的领导力要求，应该是灰度领导力。这意味着，这个群体要有跨界领导力、开放包容的心态、生态共生的战略思维，还要有自我批判的品格、善于学习和快速应变的能力。

第三，对"被生态者"要进行人力资源的赋能。怎么选择合作伙伴？怎么对合作伙伴进行培训？怎么让合作伙伴认同你的价值观？怎么让合作伙伴愿意接受你这套标准化体系？人力资源开发要延伸到生态的参与者。

"平台化 + 分布式"组织模式下的人才管理的挑战

与生态化战略思维相适应，未来企业的主流经营模式与组织管理模式，我认为就是"平台化 + 分布式"模式。平台化既是一种经营模式，也是一种组织管理模式。像阿里巴巴的淘宝、滴滴出行、小米的生态，就是一种平台化经营模式；像华为、美的、海尔、韩都衣舍，就是平台化的组织模式。

以华为为例，它们赢在哪里？我认为主要是赢在组织与人。

华为建立了强大的组织平台化资源配置能力、赋能能力与持续奋斗的人才激活机制。很多企业都非常赞赏任正非的"让听得见炮声的人来决策"，都想学华为的"铁三角"，但是恰恰忽视了学习华为为一线提供炮火的平台化管理与赋能能力。

华为本质上是一个强矩阵组织模式。所谓强矩阵，就是平台化＋项目式＋分布式。华为最厉害的就是它总部的十大管理平台，以及中台的三大服务体系，这为一线打仗提供了空中支持，提供了充足的枪支弹药和粮草。

美的这几年最成功的地方就是学华为的平台化组织建设。过去美的总部是没有平台的，这几年进行了改革，实施了"789工程"——7个平台、8个职能体系、9大事业部。2021年美的的平台化组织做了升级，现在有10个平台、11个职能体系、12大事业部。

当企业没有平台、没有炮火支持系统的时候，一线去呼唤炮火，换来的全是哑弹。当企业没有平台赋能能力，只有管控能力，下属企业或事业部赚钱的时候，它们离你远远的，而它们赔钱的时候，就找集团总部要救济。所以，总部就变成了债务责任单位或监控机构。这就出现所谓的"一统就死，一放就乱"。

如果有平台呢？有统一的采购体系、金融体系、电商系统、研发体系，所有的各个事业部或项目组，都必须在企业平台上运行。事业部或项目组离不开平台，需要平台去放大它们的能力，这样企业的组织能力就放大了。这时候企业的管控能力就不是靠控制，而是靠赋能。

当然，"平台化＋分布式"的组织，也对企业的人才管理提出了全新挑战。

第一，组织平台化趋势下的人力资源部门如何重新定位？三支柱可能失灵，KPI可能失效，真正实行分布式经营时，三支柱根本不灵。因为三支柱还是基于直线职能制的，并没有基于"平台化＋分布式"的组织模式。

第二，组织平台化趋势下的人才如何管理？当人才开始无边界协作时，他们职业的发展空间与途径是什么？如何为他们构建任职资格体系与职业发展通道？如何选拔出符合自主经营体要求的经营人才？要是让他们自主经营，如何经营？另外，传统的中层管理人员又应该走向何方？因为平台化之后，他们很可能失去原有的职位。

第三，平台服务与赋能机制下的劳动价值怎么核算？举例来说，如果在内部市场交易的机制下，采购部门提供的设备不符合我的要求，你的价格比我自己采购的高怎么办？这里面涉及内部核算机制以及绩效评价机制，还有自主经营体的各部门决策和传统企业完全不一样。现在都在学华为的战略绩效解码，在自主经营体模式下，各部门不是按照战略进行绩效解码，而是自己给自己提目标。

人才事业合伙机制下的人才管理的挑战

人才事业合伙机制已经成为一种主流的人力资源激励机制。人力资本与货币资本的关系，不再是资本雇佣劳动、剥削与被剥削关系，而是平等的合作伙伴关系。

知识型员工有三大价值诉求：第一，我光拿工资不行，我要分享利润；第二，我只被你管不行，我要参与企业的经营决策；第三，我要有成就感。所以，知识分子不好"对付"，靠过去那套体系去和知识分子"斗"，你"斗"不过他。为此，我提出了人才事业合伙机制32字方针：志同道合、利他取势、共担共创、增量分享、相互赋能、自动协同、价值核算、动态进退。

过去，企业是"绿皮火车"，老板是火车头，以一己之力拉车。现在，就是要通过合伙机制，让每个车厢都有发动机，都有自驱动系统。

　　如传统企业的永辉超市，这几年发展速度非常快，2018 年营收已经超 700 亿元。永辉超市靠的是什么？我认为它靠的是事业合伙人制度。永辉超市把这种制度称为"OP 合伙人制度"，我们称为"增量分享制度"。其原理是，被激励者不承担企业风险，但要承担经营责任，根据价值进行多次利益分配，灵活进退，动态晋升。所有的员工都是基于自身的价值创造来进行利润分享的，这就调动了所有人的积极性。就像一个搬菜工，今天把菜搬烂了一颗，他知道，烂的一颗白菜里面有他的一分损失，所以他搬菜时就变得认真了。

　　绝味这几年之所以超过周黑鸭，最重要的就是轻资产，它整合了成千上万家夫妻店。这种整合模式很有意思，每个加盟商进来以后，必须服从加盟商自治管理委员会的管理。加盟商通过该委员会实现自治，自己定标准，这样可以加强品牌维护，也解决了利益分配问题。再看看竞争对手周黑鸭，它有大约 5000 家直营店，以直营模式为主，投资自然很大。更重要的是，你要选拔、管理 5000 家直营店的店主，得有至少 500 个中层管理者，难度太大了。

　　人才事业合伙机制也对人才管理提出了挑战。你的选拔标准是什么？范围是什么？合伙人如何灵活进退？人与组织的关系是什么？

　　现在大家都在谈加班。但是我觉得有了合伙机制，加班没有加班费，那是自然的。6×12 小时工作，还用得着讨论吗？对于绝味鸭脖的每个店主来说，这个店就是你的，还用得着 8 小时工作制吗？对于温氏产业生态中的每一个农场主来说，这个农场就是你的，还用得着 8 小时工作制吗？

　　传统的劳动关系是不适应现在新的合伙机制的。人才事业合伙机制下的人才怎么成长？人才事业合伙机制下如何实现绩效的协同统一？如何让大家既认同目标，又有不同的文化价值诉求？这又是更深层次的一系列问题。

领导赋能化下的人才管理的挑战

传统企业在金字塔科层制管控模式下，组织的运行以最高领导的命令为单一路径，各级领导的基本职能就是指挥、命令、监督、控制，领导的权威来自单一权威中心的职位所赋予的职权。所以职位越高，权力和资源越集中，老板就是"绿皮火车头"。

现在实行分布式、多中心制，企业有多个中心，是"多动力的动车与高铁"，每组车厢都有老板，都是自主经营体，都自带动力驱动。组织运行一切以客户为中心，领导的核心职能是洞察趋势，指明组织前进的方向，创新机制，激活组织的动力。因此，领导不应再是高高在上的权威型领导，而应该是复合型领导。

对于老板来讲，不能再是高高在上地坐在办公室，而是应该在深入一线洞察市场与客户后，授权一线去决策。整个企业需要从以老板为中心调动资源为一线赋能，转向组织平台化、多中心、多层次，依据一线需求进行资源调配与赋能。

这种运行模式和传统的领导方式完全不一样，这时候领导一定是靠使命、愿景驱动的，而不是靠职位来管理的。未来，你没有能力，没有个人影响力，没有人愿意要你。你当总裁、董事长没有用，你没有能力，各个项目的合伙人不需要你，你不是他所需要的炮火，他可以不理你。你有能力，你能够给他支持和为他赋能，他就想尽办法天天拉你帮他打单，帮他增加他的实力。

这时候的领导，还必须洞悉人性，不只是做事，更要搞定人。他们既要有情怀，又要懂"江湖"。

运营数字化下的人才管理的挑战

未来的组织要真正实现平台化，必须有一个前提条件，即运营的数字化，而运营数字化的前提，就是人才业务活动的数字化。数字化现在已经成为企业的核心战略。数字化转型能够实现运营数字化，从经营市场到经营数据是中国企业未来战略的必然选择。

为什么我看好小米？就是因为数据资产未来会成为企业最大的资产。一个企业的核心能力就是掌控海量的数据，依据海量的数据为消费者提供解决方案的算力。企业的底层是算法，这将成为企业新的核心能力。

企业以数字化运营为核心，包括了若干方面：数字化的战略思维与商业模式、数字化的领导力、数字化的组织与人力资源、数字化的运营平台、数字化的客户链接等。这种趋势必然对人才管理提出新的要求。人才管理如何实现数字化？如何基于大数据进行人事决策？如何将人才的数字化工作与场景体验相匹配？人才开发如何成为一种数字化产品？一系列的问题都对人才管理提出了新的要求。

要素社会化下的人才管理的挑战

未来在产业互联网时代，产业与生产要素日趋社会化。所谓要素社会化，就是企业生产要素社会化，以及产业要素社会化。因为在产业互联网时代，一切皆可链接，一切皆可交互，一切产业资源与生产要素都可以进行社会化、全球化整合。

未来，要有"不求人才所有，但求人才所用；不求资本所有，但求资本所用；不求资源所有，但求资源所用"的思维。也就是说，要从过去的所有权思维，转变为使用权思维。企业构建的是平台，构建的是生态，让所有的要素资源能够在平台上去展示，去发挥作用。

一方面，要开放合作，将内在的产业要素社会化，将其转化为社会化的共享与基础体系。像阿里巴巴、京东这种生态型企业，它为社会所提供的是基础平台。

另一方面，要将社会化要素内部化，要开放、合作以集聚社会资源。像苹果，从 0 到 1 的创新都是来自社会的，而不是苹果内部的，而从 1 到 10、从 10 到 100 的创新才是放到苹果的平台上去发展的。因为从 0 到 1 的创新一定靠天才，企业不可能有那么多天才。从 0 到 1 的创新需社会化创新，要与社会化资源进行链接，懂得去选择。把好的从 0 到 1 的创新，放在企业自己的平台上实现从 1 到 10、从 10 到 100 的创新，这样企业的创新成本最低，创新最具有活力。

人才要素社会化意味着劳动关系的重构。优秀的老师、优秀的教授、优秀的专家都为社会所用，只有为社会所用，他们才能实现价值最大化。这就衍生出一个问题——我们到底是认同企业文化，还是认同职业文化？

人才要素社会化，员工的归属感与员工的忠诚感如何衡量？他是忠诚于职业、忠诚于企业，还是忠诚于客户？人才要素社会化以后，企业未来就会走向灵活用工，多种用工制度并存。这会引发诸多问题：人才要素社会化后绩效考核如何进行？人才到底怎么激励？如何进行平台化的人才管理？内部平台如何与外部的人才供应平台对接？哪些人才从内部平台上获取，哪些人才需要从外部平台上获取？这些对整个人力资源管理提出了全新的挑战。

穆胜：人才管理的正道与歧途

人才管理（Talent Management）是一个来自咨询界的概念，大概在 20 世纪 90 年代末被提出，真正火起来应该是在 2010 年之后了。这个概念强调将人看作有个性的人才，而不是单纯的资源或资本。

概念的出发点很好，但由于缺乏相应的人力资源创新工具来支撑，现在有点像"新瓶装旧酒"。有人对老板和 HR 开玩笑说，有没有"人才管理"的概念，你们企业的人力资源工作不也还是那个玩法吗？这句玩笑伤害不大，侮辱性极强。

这种尴尬的现状肯定是不应该的。我发现，在人才管理这个方向，99% 的企业都在歧途上"自嗨"。对此，下面谈三点体会。

人才识别标准

第一个歧途是，错误理解了人才的识别标准。

人才识别是人才管理的基础，我常说，"没有分类，就没有管理"。不少 HR 在谈到人才管理时，喜欢提到"人才画像""人才盘点"，似乎这些动作也是在识别人才。动作听起来很唬人，老板们最开始也被唬住了，但是画来画去，盘来盘去，却产生不了多少有价值的信息。以至于到了后来，老板们听到这些词，都觉得有点"腻"了。

究其原因，不是这些动作有问题，而是这些动作背后缺乏有效的人才识别标准。说白了，就是素质模型过时了。

数字互联网时代对人才的素质已经提出了全新要求：员工要能够快速理解用户需求，快速形成创意，快速组织资源生产产品，快速推动产品在市场上变现……这直接挑战了原来工业经济时代的各种素质模型。

很多企业的人力资源部门是无法自主开发素质模型的，它们只能应用过往的所谓经典，所以，"人才画像"和"人才盘点"的结果可想而知。

多年前，互联网商业逻辑尚未成为主流，但我依然感觉到了传统素质模型将遭遇挑战。从 2009 年开始，我就基于 50 多家有平台化趋势的样本企业进行了研究，形成了数十个指标组成的《平台型组织人才素质辞典》，并在此后多年持续迭代，算是初步回答了这个问题。

这里举一个企业前台项目经理的例子（见图 8-1）。在某个客户企业内，我们经过调研发现，这六项素质对于这个岗位族是最重要的，很大程度上决定了绩效表现。而且，一个很巧合的事是，在对若干岗位族的研究中，我们都发现最重要的前六项素质特别突出，与其他素质项之间拉开了明显差距。各位朋友可以轻易地发现，这个新的素质模型不仅存在一些新的素质项，而且对于每项素质我们都有独特的定义。

图 8-1　项目经理能力素质模型

资料来源：穆胜咨询。

其中，"穿越前瞻客户需求"与传统素质辞典中"客户第一"之间的区别就很明显。我们对于这条素质的描述是："对于 B 端客户，穿越其本身对于需求的描述，思考其面对的 C 端用户的需求；对于 C 端用户，穿越其本身对于需求的描述，思考其在产品应用场景中真正想要实现的目的。"

我们将这个《平台型组织人才素质辞典》在我们深度辅导的企业里进行了应用，效度和信度都很可观。随着模型一次次地迭代，我们也越来越确信找到了这个时代的人才标尺。但这并没有让我们轻松下来，我们反而觉得问题更严重了。很明显的是，"按图索骥"找不到这类人才，"按图施工"也培养不出这类人才，我们精准的素质模型好像给企业出了一道"无解的题"。

仔细想想，这类素质模型的要求不正是对企业家素质的要求吗？不仅如此，在我们的《平台型组织人才素质辞典》的各项素质中，"企业家才能"的特征已经越来越明显。我们开发的这个《平台型组织人才素质辞典》，似乎是在对每一项传统的素质进行"企业家才能化"的升级。举例来说，"谈判资源的能力"这项素质原来是以获取资源为最终目的的，在经过了"企业家才能化"的改造后，其最终目的是实现双赢和可持续合作。

在人才的识别标准上，大多数企业之所以固守原来的素质模型，根本原因是它们对组织模式的理解存在偏差。

如果认为企业应该选择金字塔组织，员工应该各司其职，各管一段，那么，工业经济时代的素质模型没有任何问题。但如果认为企业应该选择平台型组织，员工应该无限协同，创造用户价值，那么，就必然需要上面提到的新素质模型。形象点说，用组织模式的"老地图"，无论如何都找不到素质模型的"新终点"。

人才成长逻辑

第二个歧途是，错误地理解了人才的成长逻辑。

一些企业在人才培养上的确是大力投入，但效果越来越不好。问题出在什么地方呢？关键还是人才培养理念上过时。

过去，企业面对相对确定的市场环境，组织内是标准化的分工，对应标准化的知识体系，只需要进行标准化的培训即可。因此，传统的人才培养公式是：

人才产出 = 人才底版 + 课程体系

也就是说，人才究竟能不能被培养出来，一是看人才底版质量如何，二是看课程体系是否足够标准化、足够精细。前者是由企业的人才吸引力和招聘工作的效率共同决定的，后者则是培训人的天地，于是，他们编制学习地图，规划课程体系，在内外部选拔讲师，策划品牌人才培养项目……不断把课程体系"灌入"人才底版，这种人才培养的效果的确让老板"有感觉"。

但现在，企业面对超级不确定的市场环境，组织内也需要大量跨边界作战，自然也需要非标准化的知识体系，传统的人才培养模式肯定满足不了需求。但现实往往是，培训了的课程很难用到实践里，而你也不能期待员工学会了标准课程之后自己去感悟，因为这种要求太高了。正因为如此，企业大学才会越来越难做，学员、老板和业务部门的满意度也很难维持。

我认为，数字时代的人才培养公式（见图 8-2）是：

人才产出 =（人才底版 + 知识体系）× 商战淬炼

人才产出   人才底版   知识体系   商战淬炼

图 8-2　平台型组织中的人才培养公式

资料来源：穆胜咨询。

　　这个公式与上个公式的不同在于，它最大限度地忽略了人才底版的质量，或者说，把它们仅仅看作一个"U 盘"，更强调人才产出是知识体系和商战淬炼的结果。这两个条件，都只有在平台型组织里才能成立。

1. 知识体系

　　这已经是大多数老板痛到骨髓里的"痛点"——在某业务板块犯的错误，在其他业务板块依然会重复；在某业务板块发生的最佳实践，也无法快速复制到其他业务板块。说白了，企业成了一个"没有记忆的组织"。最近我一直在提醒，在"企业大学去大学化"的政策环境下，企业大学应该转型为知识管理中心或知识赋能中心，也就是这个原因。

　　但对于金字塔组织，我的呼吁肯定是没有用的。在这类组织里，每个部门各管一段，只对自己的 KPI 负责，哪有动机去做知识管理呢？即使运动式地整理了一些知识文档，也是"死文档"，很快就过时了。

　　在平台型组织里则不一样，市场的压力会迅速由前台传导到中后台，倒逼它们进行知识萃取与分发。你不做，前台打不了胜仗，你也分不到钱。如果你一个个地辅导前台，每次辅导都定制化，那还不累死你？所以，最终中后台都会整理出自己的"套路"，表现为各类盈利模型、客户分级矩阵、产品矩阵、运营白皮书等核心文档，这些"套路"就是企业的知识体系。更有意思的是，中后台还必须形成机制，保证这些"套路"能够快速迭代，否则难以匹配复杂的市场环境。

2. 商战淬炼

这个更好理解，金字塔组织里每个部门各管一段，部门负责人的目标、权限、激励和经营者的千差万别，根本不可能感受商战的洗礼。即使少数的一线作战部门（如销售部门），部门负责人也不是在做生意。

在平台型组织里则不一样，前台首先就有很多经营单元，都在直面市场，而中后台的人员，要么以 BP（合伙人）的形式走到前台，要么得经营好自己的部门，他们的思维方式将完全不同于过去。

这里有个很生动的例子。大家公认江浙人很会做生意，但其实这并非智力或个性特征形成的结果，而是组织模式形成的结果。因为江浙人大多以家庭为单位从事特定的商业项目，每个家庭都是一个经营单元。说到底，长期的商战淬炼，让江浙人从小耳濡目染，形成了这个群体人才成长的结果——会做生意。

为了说明人才在不同组织模式中的成长效果，这里也给各位披露一组穆胜咨询的对比实验数据（见图 8-3）。

部门	金字塔组织	平台型组织
前台 1	A1 组	B1 组
前台 2	A2 组	B2 组
中台	A3 组	B3 组
后台	A4 组	B4 组

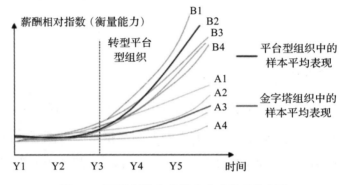

图 8-3　两家制造企业的人才成长对比实验

资料来源：穆胜咨询。

　　我们选择了穆胜咨询服务的两家制造业企业，在五年的周期内观察其人才成长的情况，其中，B 企业在第三年走向了平台化，而 A 企业则一直是传统的金字塔组织。为什么选择这个行业呢？我们的逻辑是，要剔除行业往上走的因素，例如互联网行业里有的人才成长就并非真正的成长，而是水涨船高或拔苗助长。

　　在指标上，我们以薪酬相对指数来衡量成长，即个人薪酬相对于企业平均薪酬的比值，这应该是比较公允的。在样本上，我们选择了四组数据进行对比，前台两组，中台和后台各一组，这样一来也比较全面。我们发现，在 B 企业转型平台型组织后，各类人才的成长速度提升非常明显，平均达到了 A 企业的 3 倍。我想，这个结果已经很明显地说明了问题。

人才管理方式

第三个歧途是，对人才的管理方式逐渐"油腻"，选、用、育、留套路化。

前面提到了，数字互联网时代的人才成长，依赖知识体系和商战淬炼两类要素，而这两大要素都需要在平台型组织中产生。正因为如此，脱离对组织转型的推动，传统人力资源管理（也就是选、用、育、留职能）自然就会陷入尴尬。当下，组织发展（OD）这一职能越来越受到重视，反映的正是企业对于组织创新或转型的迫切需求。

OD 能胜任这种期待吗？我对此并不乐观。组织创新或转型是一把手工程，但有决心和远见的一把手并不多；反过来说，在一把手看得到组织转型方向时，能够提供解决方案的 OD 寥寥可数。

如果我们不做组织转型的大手术，人力资源管理就更应该创新了。为了在不改动组织的前提下，让企业变得更加敏捷，选、用、育、留都应该升级——人员的流动应该更加灵活，激励应该更加市场化，赋能应该更加"即插即用"……显然，这才是这个时代人才管理的正途。

遗憾的是，在这个方面，大多数中国企业并没有交出令人满意的答卷。

还是用数据说话。我定义了一个"人才成长指数"（Talent Development Index，TDI），以人才成长的状态为标准，衡量企业的人力资源管理水平，也就是选、用、育、留等职能运行的水平。具体来说，TDI 由六个变量决定：

- ◑ 职业倦怠指数（调配系统）——员工是否在业绩输出的状态中？
- ◑ 人才晋升指数（调配系统）——员工是否能获得有效晋升？

◉ 人才赋能指数（培养系统）——员工是否能获得有效赋能？

◉ 人才储备指数（培养系统）——组织是否有人才后备？

◉ 激励真实指数（激励系统）——考核是否真刀真枪？

◉ 激励强度指数（激励系统）——激励是否真金白银？

　　上述六个变量，刚好测量了人力资源专业的三大支持系统——调配（招聘、淘汰、再配置）、培养和激励，依次衡量了企业有没有让员工"有机会干""有能力干"和"有意愿干"。

　　每个系统都由两个维度组成，一个是过程型指标，另一个是结果型指标。在每个维度上又都设置了统一的指标算法。这样做的意义在于，我们开始把人力资源管理由解"语文题"变成解"数学题"。据此，每个企业都可以在人才成长指数模型的六边形里测量自己的人力资源管理水平（见图 8-4）。

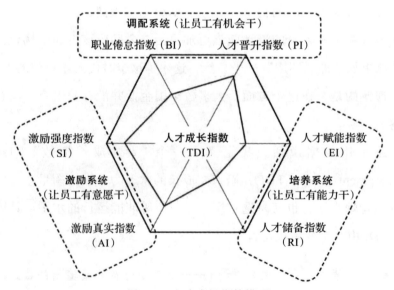

图 8-4　人才成长指数模型

资料来源：穆胜咨询，《2021 中国企业人力资源效能研究报告》。

基于这个工具，穆胜咨询每年都会发起大样本研究，并发布《中国企业人力资源效能研究报告》，用以判断中国企业的整体人力资源管理水平，并归纳出当下的人力资源专业的发展趋势。2021年，我们的有效样本有720份，应该可以做出一些判断了。

这里，我举一个人才晋升指数的例子。

我们的数据（见图8-5）显示，样本企业的平均名义晋升率为29.1%，而平均实际晋升率17.3%，两者差11.8%——这是一个非常夸张的数字，说直白点，企业在对员工的晋升承诺上，画了约1/3的"大饼"。企业当然可以用各种理由告诉员工个体，你为什么没有晋升上去，但是，总的数据结果的确有点说不过去。

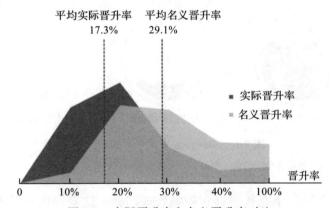

图 8-5　实际晋升率和名义晋升率对比

注：面积大小代表处于该数据范围内的企业数量占比。

资料来源：穆胜咨询，《2021中国企业人力资源效能研究报告》。

我们用企业的实际晋升率除以名义晋升率，就得出一个倍数关系，代表了"画饼"后的实现程度。在此基础上，我们将晋升标准的客观程度作为晋升调节系数也放到公式里，就得出了人才晋升指数。这个数据越大，就代表企业人才晋升越顺畅。所以，人才晋升指数的算法为：

人才晋升指数＝实际晋升率 ÷ 名义晋升率 × 晋升调节系数

　　根据过往的样本研究，我们也给出了一个基线（baseline），即人才晋升指数应该处于 0.9～1.1。直观描述，大于 1.1 就代表"乱升官"，就像很多互联网公司在发展初期混乱的职涯管理状态；小于 0.9 就代表"画大饼"，这就是一些企业的老毛病，计划做了一大堆，能落地的没几个。

　　根据本次的调研数据反馈（见图 8-6），处于 0.9～1.1 这个合理区间的企业仅有 21.8%，"画大饼"的大概占七成，而"乱升官"的占近一成。

图 8-6　中国企业人才晋升指数分布

资料来源：穆胜咨询，《2021 中国企业人力资源效能研究报告》。

　　毫无疑问，企业普遍存在职涯管理问题，这会形成一系列的激励问题，导致组织权威丧失，犹如慢性毒药。当员工没有因为确定性的产出而获得激励时，企业作为一个组织其实已经"糊"了。

　　将六个指标进行汇总，我们可以计算出企业人才成长指数（TDI）（见图 8-7），并由此判断企业的人力资源管理水平（不包括 OD 部分）。我们得出三个结论。

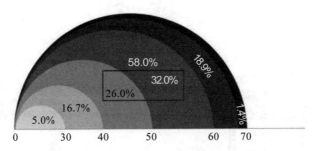

图 8-7　中国企业人才成长指数 TDI 分布

注：半圆形面积大小代表处于该数据范围内的被调研企业数量占比。
解读举例：人才成长指数在 30～40 的企业数量占比为 16.7%。
　　　　　人才成长指数在 0～50 的企业数量占比为 47.7%（=5%+16.7%+26%）。
资料来源：穆胜咨询，《2021 中国企业人力资源效能研究报告》。

其一，中国企业人力资源管理水平普遍不高。样本企业的平均 TDI 为 49.8，距离 60 分的基线还有相当一段距离。

其二，三大系统普遍落后，不是哪一块有短板的问题。现在看来，激励方面相对好一点，但水平还是不高，以激励真实指数为例，也仅在 5% 左右，也就是说，100 分的绩效总分，只有 5 分左右的浮动空间。

其三，样本企业的整体表现呈现出"中间大、两头小"的对称分布状态。及格的"优等生"占 20.3%；40～60 分的企业占 58%；低于 40 分的"差等生"占 21.7%。

如果这个量级的样本已经能够代表中国企业，那么事情就麻烦了。不要说以人才管理的标准来要求，仅仅以传统人力资源管理的要求来看，这种运作水平也是不合格。

其实，在内功没有练好时，概念过多反而是负担，因为概念会让大家期待一个不切实际的结果。与其去强调概念、迭代思想，更新武器才是当前的正道，人才管理只是一个结果。

穆 胜 作 品

人力资源效能
ISBN：978-7-111-67724-6

人效管理
ISBN：978-7-111-71701-0

平台型组织：释放个体与组织的潜能
ISBN：978-7-111-66761-2

重构平台型组织
ISBN：978-7-111-70288-7

激发潜能：平台型组织的人力资源顶层设计
ISBN：978-7-111-62864-4

创造高估值：打造价值型互联网商业模式
ISBN：978-7-111-64263-3